하나님의 리더 세우기

가장 오래되고도
새로운 리더십 이야기

하나님의
리더
세우기

한기채 지음

토기장이

| 추천의 글 |

당신의 리더십, 성품과 영성으로 준비하라

이 책은 리더십의 핵심을 간파한 책이다. 저자는 리더십의 본질을 성품과 깊은 영성에 둔다. 참된 리더십은 성품으로부터 나와야 함을 강조한다. 참된 리더십은 지위나 행위보다 존재와 성품과 관련되어 있다고 역설한다. 저자는 탁월한 의사가 다양한 대안을 가지고 환자에게 접근하듯이 다양한 대안을 가지고 리더십의 문제에 접근한다. 저자는 리더십의 다양성을 보여 줌으로 조국과 조국교회와 이민교회가 직면하고 있는 다양한 리더십의 위기에 대한 해결책을 제시한다.

어떤 영역이든 한 가지에 지나치게 몰입하는 사람을 우리가 조심해야 하듯이 리더십의 한 가지 원리만을 주장하는 사람도 조심해야 한다. 하나님은 다양성을 좋아하신다. 하나님은 성경을 통해 다양한 리더십의 원리를 제시하심으로 우리가 과업을 성취하도록 도우시고, 갈등과 위기와 문제를 해결하도록 도와주신다. 하나님은 72억의 인구 가운데 한 사람도 똑같은 사람이 없이 다양하게 창조하셨다. 쌍둥이도 같아 보이지만 다르다. 바닷가의 모래조차도 하나도 같은 것이 없다. 하늘에서 내려오는 눈송이도 모두 다르다.

우리에게는 다양한 접근을 시도할 수 있는 리더가 필요하다. 다양성을 포용할 수 있는 지도자가 필요하다. 그러기 위해서는 리더십의 다양한 자질을 갖춰야 한다. 현재 조국의 문제는 다른 것을 인정하지 못하고 틀리다고 단정하는 것이다. 즉, 다양성을 배척하고 획일화에 익숙하다. 포용은 없고 극단만을 주장한다. 저자는 이 책에서 현재 조국이 직면하고 있는 리더십의 문제를 정확하게 진단하고 그 해법을 제시하고 있다.

특별히 저자는 리더십의 다양성을 이야기 식으로 전개하고 있다. 저자는 탁월한 목회자요, 설교자다. 또한 기독교 윤리학을 전공한 윤리학자요, 탁월한 스토리텔러이다. 거룩한 이야기꾼이다. 저자는 성경에 나오는 인물들의 스토리 속에서 리더십의 다양성을 발견하고 리더십의 원리를 정리해 준다. 그래서 우리는 이 책을 읽을 때 저자와 더불어 성경으로 돌아가게 된다. 성경에 나오는 인물들 속에 담아 두신 하나님의 리더십으로 돌아가게 된다. 이 책은 매 장마다 성경에 나오는 탁월한 리더들의 이야기를 통해 리더십의 원리를 가르쳐 준다. 그런 면에서 이 책은 다양한 리더십의 원리를 담은 보배상자와 같다.

나는 이 책을 리더십의 본질을 추구하는 분들에게 추천하고 싶다. 성경적 리더십의 원리를 배우기를 원하는 분들에게 추천하고 싶다. 교회 안의 평신도 리더와 선교 단체의 리더들에게 추천하고 싶다. 신학생들과 조국교회와 이민교회 목회자들에게 추천하고 싶다. 크리스천으로 기업을 운영하고 있는 기업인들에게도 추천하고 싶다.

강준민_L.A. 새생명비전교회 담임목사

열네 가지 맛의 경이로움!

새삼 느끼는 것이지만, 저자 한기채 목사님은 듣는 이로 하여금 자기도 모르게 설득될 수밖에 없는 선명한 통찰력을 지녔다. 이를 통해 인간과 시스템 사이에 기독교적 성찰의 다리를 놓는다. 저자는 이러한 '기독교 윤리학의 본령'을 충족시키는 탁월한 설교자요 스토리텔러이다.

이 책에서 복음적 영성과 현실 이해에 기반한 리더십의 통전적 스펙트럼(a holistic spectrum)은 우리에게 낯익은 성경의 인물들을 통해 부챗살처럼 다채롭게 뿜어져 나온다. 그들은 처음부터 갖춰진 리더들이 아니라 하나님의 성품의 문양을 따라 '존재로부터 행위로' 빚어져 가는 멋진 모델들이다.

마치 최고의 셰프를 통해 각양 신비한 재료들로 속이 점점 채워져 가는 이태리 만두 라비올리 같다. 성경적 리더십의 오리진(origin)으로 빚어내는 열네 가지 맛의 경이로움! 그 안에는 감동과 치유와 회복의 자양분이 가득하다. 이제 당신이 열네 가지 리더십의 경이로움에 빠져들 차례이다. 맛보고 배우고 누리라. 그리고 다양한 리더십의 자질을 갖추어 한국교회의 위기, 시대의 위기를 돌파하는 리더로 사용되길 축복하며 이 책을 추천한다.

이찬규_프랑크푸르트 한마음교회 담임목사

서문

참된 리더십을 갈망한다!

지금까지 일어난 각종 대형사고, 군대 내 폭력, 자녀를 학대하는 가정, 교회와 사회의 분규와 불화를 보면, 거기에는 어김없이 리더십의 문제가 있었다. 어떤 개인에게 지나치게 열광하고 어떤 유행이나 문화에 쉽게 휩쓸리는 현상은, 우리 사회에 얼마나 리더십이 부재하고 있는지를, 또한 얼마나 참된 지도자를 갈구하고 있는지를 반증하고 있다. 리더십은 비단 사회나 지도적인 자리에 있는 사람만이 아니라 자기 자신의 삶을 바르게 영위하기 위한 것에서부터 시작하여 가정, 교회, 기업, 사회, 국가, 세계를 경영하는 데까지 필수적인 것이다. 그래서 우리는 참된 리더십을 갈망하고 배워야 한다.

안타깝게도 기독교는 이러한 상황에서 영적 지도력을 제대로 발휘하지 못하고 있다. 더구나 개신교 연합기구는 사분오열 되어 스스로의 문제도 해결하지 못하고 있을 뿐 아니라 국민적인 지지를 받는 영적 지도자도 없다. 이제 세상 때문에 교회가 어려움을 겪는 것이 아니라 교회 때문에 세상이 어려움을 겪는다는 말까지 나오고 있다. 하루가 멀다 하고 터져 나오는 대형교회의 아름답지 못한 이야기들,

목회자들의 비리가 이 시대를 사는 교인들과 목회자들을 부끄럽게 하고 있다. 이 모든 것이 영적 리더십이 빈약해서 발생한 일이다. 구태의 카리스마적 리더십, 권위적 리더십, 통치의 리더십, 독단적인 리더십의 폐해가 나타나고 있는 것이다. 지금 교회는 전통을 잘 계승할 수 있을 뿐 아니라 당면한 도전들을 극복하고 새로운 비전을 제시할 수 있는 지도자를 요구하고 있다. 참된 영적 리더십을 갈망하고 있다.

프리즘에 빛을 통과시켜 보면 여러 분광이 나오듯, 리더십도 현장에서 다양하게 나타날 수 있다. 리더십의 스타일은 개성의 다양함만큼이나 여러 가지이고, 상황에 따라 달라져야 한다고 생각한다. 우리는 자신이 처한 상황에서 자신에게 가장 적합한 리더십 스타일을 개발해야 한다. 아무리 탁월한 리더십이라도 모든 상황에 모두에게 동일하게 적용될 수는 없다. 그렇다고 이 책에서 소개하는 모든 리더십을 다 통달하여 발휘해야 한다는 것도 아니다. 어느 하나만 고집하지 말고, 리더십의 다양한 색깔을 염두에 두면서 자신의 상황에 알맞은 것을 개발해야 한다고 본다.

이 책에서 소개하는 것들은 구약의 사건과 인물 가운데 현실적으로 새롭게 조명할 필요가 있는 지도자들의 삶 가운데, 열네 가지 리더십을 뽑아 하나씩 특징적으로 살펴보았다. 즉, 요셉, 여호수아, 갈렙, 사무엘, 다윗, 이사야, 다니엘을 통해 리더십 원리를 찾아보았고, 엘리, 사울, 르호보암은 반면교사로 삼았다. 영성과 여성성이 중시되는 룻, 리스바, 드보라, 아비가일, 에스더를 통해서도 리더십을 배우고자 했다. 우리는 이들의 리더십을 오늘날의 상황에 적용할 수 있을 것이다.

이 책에서 언급한 포용, 긍정, 도전, 책임, 결단, 배려, 감동, 섬김, 존중, 공감, 격려, 상생의 리더십은 최근에 활발하게 논의되고 있는 것이다. 지도자는 영향력을 얻기 위해 지위에 의존해서는 안 된다. 리더십은 지위나 행위보다 존재나 성품에 더 관련되어 있기 때문이다. 즉, 존재로 시작되어 행위로 이어진다. 이 책에서 다루는 열네 가지 리더십은 기독교인들뿐 아니라 모든 사람에게 여러 분야에서 적용될 수 있는 폭넓은 리더십이다.

이런 리더십을 이미 구약의 인물들과 실제 사건 가운데서 찾을 수 있다는 것이 놀랍다. 그만큼 이 책에 나오는 리더십의 유형들은 리더십의 '오리진'(origin)이라고도 할 수 있겠다. '오래 되면서도 새로운' 이를테면 리더십의 고전이다. 리더십의 고전을 현대적으로 적용한 책으로 이해해 주면 좋겠다.

더구나 세속적인 리더십은 영적인 것으로 세례를 받아야 한다. 그런 점에서 임재의 리더십, 영성의 리더십을 덧붙였다. 세상에서도 리더에게 영성과 도덕성을 갖출 것을 기대하고 있다. 그것으로 리더가 온전해지기 때문이다.

이 책이 나오기까지 수고해 준 분들이 많다. 이 책의 내용을 제일 처음으로 접하고 좋은 반응을 보여 준 중앙성결교회 가족들, 거친 글을 다듬어 준 김재명 목사, 정성껏 책을 만들어 준 토기장이 조애신 대표를 비롯한 편집팀에게 고마움을 전한다.

    이 책을 영성의 거장이시면서 한 시대 한국교회를 이끌었던 영적인 지도자, 굵게 사시다가 홀연히 하나님 나라로 옮겨가신 청파 이만신 목사님께 바친다.

한기채

차례

추천의 글
서문

PART 1 비전의 리더십 •15
: 리더는 하나님의 비전을 담는 그릇이다

PART 2 섬김의 리더십 •37
: 리더는 낮아짐과 비움을 통해 성장한다

PART 3 임재의 리더십 •57
: 하나님의 임재 안에 있는 리더는 평범한 일을 비범하게 한다

PART 4 연단의 리더십 •79
: 리더는 고난의 광야에서 탄생한다

PART 5 존중의 리더십 •99
: 팔로워를 존중히 여기는 리더는 모두의 신뢰를 얻는다

PART 6 결단의 리더십 •121
: 리더는 뜻을 정하여 결단하고 집중한다

PART 7 공감의 리더십 •141
: 마음을 읽는 리더는 모두의 공감을 얻는다

PART 8 상생의 리더십 •163
: 리더는 지체의식을 회복시켜 생명을 살린다

PART 9 포용의 리더십 •185
: 포용하는 리더에게는 세상을 변화시키는 힘이 있다

PART 10 책임의 리더십 •207
: 리더는 책임의 무게를 끝까지 견디어 낸다

PART 11 도전의 리더십 •225
: 리더는 도전을 통해 새로운 길을 개척한다

PART 12 영성의 리더십 •243
: 하나님의 마음에 합한 리더는 영적인 부흥을 일으킨다

PART 13 격려의 리더십 •265
: 리더는 격려를 통해 팔로워의 가능성을 키워 나간다

PART 14 긍정의 리더십 •285
: 긍정의 리더는 "No"를 "YES"로 바꾼다

PART **1**

비전의 리더십

리더는 하나님의 비전을 담는 그릇이다

이사야 6:1-8

¹웃시야 왕이 죽던 해에 내가 본즉 주께서 높이 들린 보좌에 앉으셨는데 그의 옷자락은 성전에 가득하였고 ²스랍들이 모시고 섰는데 각기 여섯 날개가 있어 그 둘로는 자기의 얼굴을 가리었고 그 둘로는 자기의 발을 가리었고 그 둘로는 날며 ³서로 불러 이르되 거룩하다 거룩하다 거룩하다 만군의 여호와여 그의 영광이 온 땅에 충만하도다 하더라 ⁴이같이 화답하는 자의 소리로 말미암아 문지방의 터가 요동하며 성전에 연기가 충만한지라 ⁵그 때에 내가 말하되 화로다 나여 망하게 되었도다 나는 입술이 부정한 사람이요 나는 입술이 부정한 백성 중에 거주하면서 만군의 여호와이신 왕을 뵈었음이로다 하였더라 ⁶그 때에 그 스랍 중의 하나가 부젓가락으로 제단에서 집은 바 핀 숯을 손에 가지고 내게로 날아와서 ⁷그것을 내 입술에 대며 이르되 보라 이것이 네 입에 닿았으니 네 악이 제하여졌고 네 죄가 사하여졌느니라 하더라 ⁸내가 또 주의 목소리를 들으니 주께서 이르시되 내가 누구를 보내며 누가 우리를 위하여 갈꼬 하시니 그 때에 내가 이르되 내가 여기 있나이다 나를 보내소서 하였더니

하 나 님 의   리 더   세 우 기

이사야서는 이렇게 시작된다.

"유다 왕 웃시야와 요담과 아하스와 히스기야 시대에 아모스의 아들 이사야가 유다와 예루살렘에 관하여 본 계시라"(사 1:1).

이사야서는 총 66장으로 구성되어 있는데, 이는 신구약 성경 권수(66권) 및 내용과 밀접한 연관을 갖고 있다. 구약과 신약이 각각 39권과 27권으로 되어 있듯이, 이사야서는 전반부 39장과 후반부 27장으로 되어 있다. 구약이 약속의 책이요 신약이 성취의 책이듯, 이사야서 1장부터 39장은 이스라엘의 회복의 필요성을, 40-66장까지는 그리스도를 통한 구원을 노래하고 있다. 이사야서는 이스라엘의 '반역'으로부터 시작하여 '회복'에 대한 예언으로 끝난다. 죄에 대한 책망, 죄에 대한 징계, 그리고 회복의 내용이 이사야서 전체의 흐름이라고 할 수 있다.

이사야의 소명

이사야서 6장은 이사야의 소명 체험에 대한 기사이다. 소명 체험이 1장에 기록되지 않고 6장에 와서야 기록된 이유에 대해 분분한 해석이 있지만, '메신저보다는 메시지'에 더 초점을 두기 위해 첫 다섯 장이 먼저 기록된 것 같다. 6장은 이사야서 서론부의 결론이다.

이사야가 소명을 받던 해는 다윗 이래로 훌륭한 왕으로 추앙받았던 웃시야가 나병으로 죽던 기원전 739년이다. 그리고 예수님이 오시기 700여년 전이다. 웃시야는 16세에 왕이 되어 52년간을 통치하면서 많은 업적을 남겼으나 그의 말년에는 "그의 마음이 교만하여져서" 하나님께 악을 행함으로 나병에 걸려 죽었다(대하 26:16-21). "여호와를 찾을 동안에는 하나님께서 형통하게"(대하 26:5) 하셨지만 하나님께 범죄한 후에는 결국 비참한 삶을 살았다. 왕이 범죄했을 때 유다는 정치적으로 불안정하고, 경제적으로 궁핍하고, 도덕적으로 타락하고, 외적들의 침입이 빈번했다. 왕족 출신으로서 왕궁 출입과 성전 출입이 자유로웠던 이사야는 하나님 앞에 나아가 민족을 위해 중보기도했다.

"왜 이런 일이 일어납니까?"(누구 때문에 이런 일이 일어납니까?)
"누가 이 곤경에서 구출해 줄 수 있습니까?"
"이렇게 끝날 수는 없습니다."

이렇게 이사야는 문제 의식을 가지고 나아갔다. 이사야는 하나님 앞에 나아가 예배하며 기도할 때, 문제와 해답을 동시에 보게 되었다. 하나님께서 이사야의 영안을 열어 계시하셨다.

"웃시야 왕의 죽던 해에 내가 본즉 주께서 높이 들린 보좌에 앉으셨는데…"(사 6:1).

이사야는 왕이 죽었을 때에 기도하다가 왕의 보좌 뒤에 좌정하고 계시는 진짜 왕을 보았다. 유다를 통치하던 웃시야가 죽어 절망적이고 불안한 때에 영원하신 왕이 살아 계셔서 다스리신다는 사실을 비로소 보게 되었다. 왕을 잃고 나서야 영원히 살아 계신 왕을 발견하게 된 것이다!

만왕의 왕이신 하나님은 영광이 온 땅에 가득하여 우리 가운데 임재하시며 지극히 거룩하신 분이다. 이전에는 하나님께서 성전에 사신다. 혹은 성전 안 지성소에 계신다고 생각했지만 하나님은 예루살렘 성전을 넘어 온 우주에 충만하신 분이다. 하나님의 보좌는 "높이 들린 보좌"였다.

"…그의 옷자락은 성전에 가득하였고"(사 6:1).

이사야는 이스라엘의 하나님 여호와는 온 세상에 충만하고 광대하신 분임을 깨닫게 되었다. 하나님은 천사들의 찬양을 받으실 만한 분으로서 이사야는 그 모습과 소리를 자세히 묘사하고 있다. 스랍들이 모시고 섰는데 각기 여섯 날개가 있어 두 날개로는 얼굴을 가리고, 두 날개로는 발을 가리고, 두 날개로는 날면서 하나님을 찬양했다.

"…거룩하다 거룩하다 거룩하다 만군의 여호와여…"(사 6:3).

삼성송(三聖頌)이다. 하나님의 무한한 영광과 자신들의 겸비를 잘 대조하고 있다. 이사야는 위엄과 영광이 가득한 하나님을, 거룩하신 하나님을 만나 뵙게 되었다. 우리도 이사야처럼 거룩하신 하나님의 존전에 서는 경험을 해야 한다. 거룩의 체험은 이사야의 정체성과 사명의 근간을 이루어 평생토록 주님의 길을 걸어갈 수 있게 해 주었다. 후에 이사야는 극악한 므낫세 왕에 의해 톱으로 켜 죽임을 당했다고 하는데, 아마도 이 거룩함에 노출되었던 경험이 그를 순교의 터널을 담대하게 지나도록 만들었을 것이다. 하지만 거룩은 특정한 순간의, 특별한 경험으로만 끝나면 안 된다. 거룩은 삶으로 표현되어야 하고, 우리 삶에서 표현되는 하나님의 생명이다. 거룩은 내면의 불이다.

영적인 체험을 하는 과정에서 이사야는 "본즉" "들은즉"이라고 말하고 있다. 그의 영적인 눈이 열리고 귀가 열렸다. 선지자(히브리어 느비임)의 고어적 표현이 선견자(히브리어 로에)인데, 선견자를 영역하면

'seer'가 된다. 하나님의 사자의 제일 요건이 '보는 것'이라는 의미일 것이다. 보는 자는 복이 있다.

"너희 눈은 봄으로, 너희 귀는 들음으로 복이 있도다 내가 진실로 너희에게 이르노니 많은 선지자와 의인이 너희가 보는 것들을 보고자 하여도 보지 못하였고 너희가 듣는 것들을 듣고자 하여도 듣지 못하였느니라"(마 13:16-17).

영적인 체험은 하나님을 바로 보는 것에서부터 시작된다. 이사야는 높이 들린 하나님을 보았다. 성전에 충만한, 아니 우주에 충만한 하나님의 영광을 보았다. 그렇게 되자, 이제 하나님의 관점에서 자신을 보게 되었다. 하나님의 관점에서 나를 보면 나의 정확한 모습을 보게 된다. 관점의 변화이다. 예배는 위로부터 나를 보는 것이다. 하나님의 존전에 서는 느낌이 있을 때에야 비로소 참된 회개를 할 수 있다.

"그 때에 내가 말하되 화로다 나여 망하게 되었도다 나는 입술이 부정한 사람이요 나는 입술이 부정한 백성 중에 거주하면서 만군의 여호와이신 왕을 뵈었음이로다 하였더라"(사 6:5).

이사야는 이 놀라운 순간에 자신의 죄를 고백하고 있다. 그에 맞게 스랍 중의 하나가 부젓가락을 가지고 제단에서 핀 숯을 가져다가 이사야의 입술에 대어서 죄악을 제하여 주었다. 그리고 죄의 용서를 선포했다.

"보라 이것이 네 입에 닿았으니 네 악이 제하여졌고 네 죄가 사하여졌느니라"(사 6:7).

죄의 용서를 받은 이사야는 천상에서 열리는 회의를 참관했다. 그때 주께서 "내가 누구를 보내며 누가 우리를 위하여 갈꼬"라고 말씀하셨다. 만유의 주권자이신 하나님께서는 이사야에게 "가라"고 명령하실 수 있었다. 하지만 하나님은 이사야가 자발적으로 그분의 부르심에 응답하기를 원하셨다. 이사야는 용기 있게 대답했다.

"…내가 여기 있나이다 나를 보내소서…"(사 6:8).

이어서 하나님께서 이사야를 파송하시는 내용이 곧바로 연결된다.

"…가서 이 백성에게 이르기를…"(사 6:9).

이사야의 환상은 비전과 계시로 구성되어 있다. 그것은 위로 보는 상향적 환상, 안으로 내면을 살피는 내향적 환상, 밖으로 세상을 보는 외향적 환상이다. 높이 들린 하나님을 보는 높은 환상, 자기 영혼의 깊은 곳을 살피는 깊은 환상, 세상을 품는 넓은 환상이다. 우리는 위를 보고, 안을 보고, 밖을 보아야 한다. 위로는 무한히 거룩하신 하나님을 보고 경외하며, 안으로는 더러운 자신을 보며 깨끗함을 갈망하고, 밖으로는 죽어 가는 세상 사람들을 보고 불타는 열정으로 메시지를 전해야 한다. "여호와의 영광이 온 땅에 충만한" 것은 하나님을 보는 거룩한 환상이요, "화로다 나여 망하게 되었도다 나는 입술이 부정한 사람이요"는 자신의 죄를 보는 무서운 환상이요, "내가 누구를 보내며 누가 우리를 위하여 갈꼬?"는 하나님께서 우리를 부르시는 소명의 환상이다. 이 부르심은 이미 오래전부터 있었던 것으로 이제야 들리게 된 것이다. 과거에는 이사야 자신이 걱정하며 질문하던 것이었는데, 하나님께서 그분의 일꾼을 찾으시는 음성이었음을 이제야 알게 된 것이다.

이처럼 하나님을 보는 자만이 응답할 수 있다. 그전까지 이사야는 불평하고 걱정하던 방관자였지만, 하나님을 본 뒤로는 참여자가 되었다. 이사야는 하나님의 음성을 듣자마자 "내가 여기 있나이다. 나를 보내소서"라고 응답했다. 그의 입이 열렸다. 하나님을 통해 받은 비전에 대한 응답이었다. 하나님을 바로 봄으로써 자신을 보고, 하나님의 음성을 들음으로써 응답하게 된 것이다. 진정한 비전은 하나님을 보고, 자신을 보고, 세상을 보는 것이다. 하나님을 통하여 자신의 사명을 알게 되는 것이다. 하나님이 비전을 보여 주실 때, 주저하거나 변명하거나 거절하지 마라. 자원하여 반응하라! 이사야는 보게 되었고, 듣게 되었고, 고백하게 되었고, 가게 되었다. 하나님은 예배하는 자, 기도하는 자, 회개하는 자, 자원하는 자를 통해 역사하신다.

이사야가 받은 소명

하나님은 이사야에게 쉬운 길을 약속하지 않으셨다. 사역의 성공만을 보장하지 않으셨다. 다소 충격적인 메시지를 주셨다.

> "너희가 듣기는 들어도 깨닫지 못할 것이요 보기는 보아도 알지 못하리라 하여 이 백성의 마음을 둔하게 하며 그들의 귀가 막히고 그들의 눈이 감기게 하라 염려하건대 그들이 눈으로 보고 귀로 듣고 마음으로 깨닫고 다시 돌아와 고침을 받을까 하노라"(사 6:9-10).

사실 이것은 이사야가 선포해야 할 메시지라기보다는 이사야의 사역에 대해 보일 백성들의 반응과 그에 대한 해설로 보인다. 하나님께서는 민족을 향한 이사야의 간절함에도 불구하고 그들의 마음이 완악하여 따르지 않을 것을 말씀하셨다. 하나님의 계시를 더 이상 받지 못하게 될 것이라는 말씀이었다. 영적인 기갈에 빠지게 되리라는 준엄한 경고가 간접적으로 전달된 것이다. 하지만 하나님께서는 긍정적이고 놀라운 비전 한 가지를 보여 주셨다. 비록 백성들이 불순종하여 이사야가 전하는 하나님의 말씀을 거역하고 파멸당한다고 할지라도 그 땅에 남은 자가 있어 회복될 것이라는 말씀이었다.

"그 중에 십분의 일이 아직 남아 있을지라도 이것도 황폐하게 될 것이나 밤나무와 상수리나무가 베임을 당하여도 그 그루터기는 남아 있는 것 같이 거룩한 씨가 이 땅의 그루터기니라"(사 6:13).

이사야에게 주신 첫 메시지는 희망찬 것이 아니었다. 하지만 이사야는 열매가 없어도 낙담하지 않았다. 성공보다 실패, 존경보다 멸시, 환영보다 박해가 있어도 낙심하지 않고 견뎌냈다. 백성들의 반응에 아랑곳하지 않고 꿋꿋하게 자신의 길을 걸어갔다.

성경에는 '거룩한 분노'의 사람으로 모세와 다윗을, '거룩한 슬픔'의 사람으로 느헤미야를, '거룩한 부담감'의 사람으로 이사야를 보여 준다. 거룩한 부담감이 있는 곳에 소명이 있다. 거룩한 부담감을 가진 사람들이 바로 새 역사를 이룰 거룩한 씨이다(사 6:13). 그들이야말로 그루터기요 "남은 자"이다. 이사야 같은 예언자들은 백성을 향한 하나님의 비전을 말하는 자였다.

비전에 대하여

이사야는 '비전의 사역자'였다. 히브리어로 '창조하다'라는 동사는 두 개이다. '바라'(bara, 창 1:1)와 '야차르'(yatsar, 사 42:6)이다. '야차르'는 '모습을 만들다' '모양을 빚다' '형성하다' 등의 의미를 지니고 있어서 파생어로 '토기장이'(요체르)가 있다. '야차르'에는 '마음속으로 모양을 만들다' '상상하다' '계획하다'라는 뜻도 있다. 따라서 동사 '야차르'는 마음속에서 만드는 것이든 실제적으로 만드는 것이든 구별하지 않고 사용된다. 사실 보이는 것들은 보이지 않는 세계 속에서 먼저 만들어진다. 비전을 품으면 창조된다. 꿈을 꾸면 창조된다. 계획을 세우면 창조된다. 하나님도 꿈을 꾸시고 창조하셨다.

인류는 사라지지 않는 빛을 꿈꾸다가 백열전구를 발명하였다. 말이 끌지 않는 마차를 상상하다가 자동차를 만들었다. 의자에서 일어나지 않고도 채널을 바꿀 수 있는 것을 상상하다가 리모컨을 만들었다. 무선을 통해 통화할 수 있는 것을 꿈꾸다가 휴대폰을 만들었다. 모든 새로운 발명은 꿈꾸는 것으로부터 시작된다. 헬렌 켈러는 "맹인으로 태어나는 것보다 더 불행한 것이 무엇이냐?"는 질문에 "시력은 있으나 비전이 없는 것"이라고 대답했다. 지도자는 비전이 있어 자신이 어디로 가야 할지를 알아야 하고, 다른 사람들을 그 길로 따라오게 하는 설득력이 있어야 한다.

결국 비전이 지도자를 만든다. 존 맥스웰은 '비전의 4단계'를 제시하면서 각 사람이 비전에 어떻게 반응하느냐에 따라 방랑자에서부터 지도자까지 나누어진다고 했다.

> 1단계 비전을 전혀 볼 줄 모른다 : 방랑자
> 2단계 비전을 볼 줄 알지만 자신의 것으로 추구하지 않는다 : 졸병
> 3단계 비전을 보고 그것을 추구한다 : 성취자
> 4단계 비전을 보고 그것을 추구하며 다른 사람들도 볼 수 있게 도와준다 : 지도자

21세기를 성공적으로 살기 위해서는 세 가지 'V 정신'이 필요하다. 바로 Vision(비전), Vitality(생동감), Venture(모험심)이다. 비전을 가지고 활력 있게 미지의 세계를 향해 탐험할 때 비로소 성공적인 삶을 살 수 있다는 뜻이다. 비전이 생동감이나 모험심보다 먼저 제시되는 이유는, 비전은 투자와 같아서 일찍 시작할수록 이자가 불어나기 때문이다. 우리는 그 사람이 가지고 있는 꿈의 크기, 비전의 크기로 그의 위대함을 알 수 있다.

"그 마음의 생각이 어떠하면 그 위인도 그러한즉"(잠 23:7).

사람은 자신이 품은 생각대로 산다. 비전은 목적이 이끄는 삶, 일관성 있는 삶을 살게 해 준다.

"묵시가 없으면 백성이 방자히 행하거니와 율법을 지키는 자는 복이 있느니라"(잠 29:18).

"묵시"란 곧 비전이요 말씀이다. 비전이 삶의 바른 방향을 설정해 준다. 비전이 없으면 목적 없이 방황하는 삶이 된다. 꿈이 없는 인생은 위성신호가 끊긴 GPS나 다름없다. 또한 비전은 열정을 만들어 낸다.

"비전이란 끊임없이 열정을 만들어 내는 미래의 그림이다"(빌 하이벨스).

비전은 미래로부터 힘을 빌려와 현재를 변화시키는 힘이다. 비전은 한계상황을 넘어갈 수 있는 힘을 공급해 준다. 비전은 과거가 아니라 미래에 대한 것이기 때문에 미래지향적이다. 그러기 때문에 용기 없는 자들은 주저하지만 지도자들은 새로운 역사를 만들어 낸다.

비전은 우리 자신의 세상에 구심점을 준다. 비전은 혼동에 질서를 부여해 준다. 비전은 모든 것을 다르게 보게 해 준다. 비전은 감동을 수반하고 있으며 삶의 방향을 제시해 준다. 비전은 우리 자신의 가치에 우선순위를 부여해 준다. 마틴 루터 킹이 1963년 워싱턴 광장에 모인 25만 청중들에게 "나에게는 꿈이 있다"라고 외쳤던 그 꿈은 결국 46년 만에 이루어졌다. 미국의 44대 대통령으로 흑인인 버락 오바

마가 당선되었기 때문이다. 그는 미국의 첫 유색인 대통령이 되었다. 마틴 루터 킹의 꿈이 현실이 된 것이다.

알바트로스는 날개가 가장 큰 새로 가장 멀리까지 날 수 있다. 멀리 날 수 있다는 것은 체력이 강해서가 아니라 바람을 탈 줄 알기 때문이다. 자신을 내려놓고 바람의 힘으로 가는 것이다. 새에게 진짜 능력은 몸을 바람에 맡길 줄 아는 것이다. 독수리는 날갯짓으로 나는 것이 아니라 기류를 이용한다. 이와 같이 우리는 하나님께서 주시는 비전을 받아야 한다. 힘을 받아야 한다.

"하나님이 말씀하시기를 말세에 내가 내 영을 모든 육체에 부어 주리니 너희의 자녀들은 예언할 것이요 너희의 젊은이들은 환상을 보고 너희의 늙은이들은 꿈을 꾸리라"(행 2:17 ; 욜 2:28 참고).

이사야는 이스라엘뿐 아니라 믿는 모든 자에게 비전을 제시해 준다. 이사야는 우리를 꿈꾸게 해 준다.

"오직 여호와를 앙망하는 자는 새 힘을 얻으리니 독수리가 날개 치며 올라감 같을 것이요"(사 40:31).

여호와를 앙망할 때, 새 힘을 얻는다. 그 비전에서 힘이 나오는 것이다. 비전이 있을 때, 힘이 생긴다. 세상의 논리는 먼저 공급(provision)

이 있어야 비전(vision)을 품고 일할 수 있다고 말한다. 그러나 하나님은 비전을 품고 있는 자에게 필요한 것을 공급해 주신다. 비전이 공급을 앞선다.

하나님이 주시는 비전은 인간의 기대를 넘어선다. 하나님께서 이사야에게 보여 주신 비전은 놀라운 것이었다.

> "너희는 이전 일을 기억하지 말며 옛날 일을 생각하지 말라 보라 내가 새 일을 행하리니 이제 나타낼 것이라 너희가 그것을 알지 못하겠느냐 반드시 내가 광야에 길을 사막에 강을 내리니"(사 43:18-19).
>
> "나 여호와가 시온의 모든 황폐한 곳들을 위로하여 그 사막을 에덴 같게, 그 광야를 여호와의 동산 같게 하였나니 그 가운데에 기뻐함과 즐거워함과 감사함과 창화하는 소리가 있으리라"(사 51:3).

사막을 에덴 같게, 광야를 여호와의 동산 같게 만드시겠다는 말씀이다. 포로로 잡혀 갔던 이스라엘을 회복시키고 고국으로 돌아가게 하시겠다는 말씀이다. 제 나라가 있을 때도 감당하지 못한 압제자를 하나님께서 누르시고 그의 백성을 해방하여 돌려보내시겠다는 말씀이다. 또한 백성들이 하나님의 구원에 기뻐 감격하게 될 환상과 비전도 함께 보여 주고 있다.

이사야가 보았던 하나님의 비전에는 구약의 복음도 들어 있었다.

인류의 구원자 예수 그리스도께서 여호와의 종으로 이 땅에 오셔서 많은 환난을 받으시고 죽으실 것이라는 비전도 포함되어 있었다.

"그는 실로 우리의 질고를 지고 우리의 슬픔을 당하였거늘 우리는 생각하기를 그는 징벌을 받아 하나님께 맞으며 고난을 당한다 하였노라 그가 찔림은 우리의 허물 때문이요 그가 상함은 우리의 죄악 때문이라. 그가 징계를 받으므로 우리는 평화를 누리고 그가 채찍에 맞으므로 우리는 나음을 받았도다 우리는 다 양 같아서 그릇 행하여 각기 제 길로 갔거늘 여호와께서는 우리 모두의 죄악을 그에게 담당시키셨도다"(사 53:4-6).

내가 목회자로 부름을 받을 때에도 이사야를 통해 주신 비전의 말씀을 통해서였다.

"잉태하지 못하며 출산하지 못한 너는 노래할지어다 산고를 겪지 못한 너는 외쳐 노래할지어다 이는 홀로 된 여인의 자식이 남편 있는 자의 자식보다 많음이라 여호와께서 말씀하셨느니라 네 장막 터를 넓히며 네 처소의 휘장을 아끼지 말고 널리 펴되 너의 줄을 길게 하며 너의 말뚝을 견고히 할지어다 이는 네가 좌우로 퍼지며 네 자손은 열방을 얻으며 황폐한 성읍들을 사람 살 곳이 되게 할 것임이라"(사 54:1-3).

어렵고 힘들 때마다 그때 주셨던 이 말씀을 떠올리면 나는 다시 힘이 솟고 삶의 의욕과 활기가 넘친다. 그러나 하나님이 주시는 비전과 자신이 스스로 설정한 자의적인 비전(야망)은 완전히 다르다.

"이는 내 생각이 너희의 생각과 다르며 내 길은 너희의 길과 다름이니라 여호와의 말씀이니라 이는 하늘이 땅보다 높음 같이 내 길은 너희 길보다 높으며 내 생각은 너희 생각보다 높음이니라"(사 55:8-9).

야망은 자기들의 유익을 위해 스스로 만든 것이지만, 비전은 하나님의 일을 위하여 하나님이 보여 주시는 것이다. 따라서 우리의 비전은 하나님이 보여 주시는 계시와 영감을 따른 것이어야 하다. 하나님을 통해 보는 것이 진짜 비전이다. 이것이 바로 하나님으로부터 오는 비전이다. 예수님은 제자들을 부르실 때부터 "사람 낚는 어부"나 "땅 끝까지 이르러 내 증인"(행 1:8)이 될 비전을 제시하셨다. 예수님은 세상의 미련한 자들, 약한 자들, 천하고 멸시받고 없는 자들을 불러 이런 비전을 주셨다. 예수님의 공생애에는 제자들이 자신들의 야망을 이루기 위해 살면서 예수님의 뜻에 부응하지 못했다. 하지만 예수님과 제자들의 비전의 일치는 오순절 마가의 다락방에서 이루어 졌다. 그들은 오순절에 성령 충만을 받음으로 새롭게 되었고, 하나님의 권능으로 충만하게 되었다. 하나님께서 주신 비전을 하나님의 권능으로 성취할 수 있게 되었다. 하나님은 비전의 공급자, 비전의 해석자, 비전의 성취자가 되어 주신다. 우리는 하나님의 비전을 담는 그릇이다.

존 맥스웰은 '비전 있는 사람과 몽상가의 차이'에 대해 이렇게 말했다.

- 비전 있는 사람은 말은 적으나 행동은 많이 한다.
  몽상가는 말은 많으나 행동은 적다.
- 비전 있는 사람은 자기 내면의 확신에서 힘을 얻는다.
  몽상가는 외부 환경에서 힘을 찾는다.
- 비전 있는 사람은 문제가 생겨도 계속 전진한다.
  몽상가는 가는 길이 힘들면 그만둔다.

비전 찾기

이처럼 비전은 인생에서 중요하며 지도자의 필수 요건이기도 하다. 당신의 비전을 하나의 슬로건으로 만들어 보라. 당신의 마음에 새로운 비전을 품으라. 하나님을 기쁘시게 하는 데 우선순위를 둔 사람이 되는 비전을 꿈꾸라. 자신을 넘어 공동체를 사랑하고, 하나님의 영광을 나타내기 위한 비전을 가지라.

누가는 예수님께서 공생애 사역 초기에 고향 나사렛을 방문한 기사를 쓰고 있다(눅 4:16-21). 그때 예수님은 나사렛 회당에서 자신의 사명을 선언하셨다.

"주 여호와의 영이 내게 내리셨으니 이는 여호와께서 내게 기름을 부으사 가난한 자에게 아름다운 소식을 전하게 하려 하심이라 나를 보내사 마음이 상한 자를 고치며 포로된 자에게 자유를, 갇힌 자에게 놓임을 선포하며 여호와의 은혜의 해와 우리 하나님의 보복의 날을 선포하여 모든 슬픈 자를 위로하되 무릇 시온에서 슬퍼하는 자에게 화관을 주어 그 재를 대신하며 기쁨의 기름으로 그 슬픔을 대신하며 찬송의 옷으로 그 근심을 대신하시고 그들이 의의 나무 곧 여호와께서 심으신 그 영광을 나타낼 자라 일컬음을 받게 하려 하심이라"(사 61:1-3).

예수님의 모든 사역은 바로 이 사명 선언에 의거해서 이루어졌다. 대개 우리가 비전을 갖지 못하는 이유는 현재에 만족하기 때문이거나 과거에 실패한 경험 때문이다. 아니면 꿈의 값을 지불하기 싫어서이다. 하지만 비전은 반드시 가져야 한다. 무정란을 품고 아무리 오래 있어도 병아리라는 새 생명을 얻을 수 없다. 유정란을 21일 동안 품어야만 새 생명을 볼 수 있다. 인생에게 비전은 그러한 차이를 만들어 낸다.

아브라함과 사라는 하나님이 주신 비전을 품고 있다가 열국의 아비와 어미가 되었고, 베드로는 교회의 반석이 되었다. 당신의 비전을 발견하라. 그 비전을 주 안에서 성취하라. 당신의 비전을 축복의 통로로 삼으라.

PART **2**
섬김의 리더십

리더는 낮아짐과 비움을 통해 성장한다

열왕기상 12:1-11

¹르호보암이 세겜으로 갔으니 이는 온 이스라엘이 그를 왕으로 삼고자 하여 세겜에 이르렀음이더라 ²느밧의 아들 여로보암이 전에 솔로몬 왕의 얼굴을 피하여 애굽으로 도망하여 있었더니 이제 그 소문을 듣고 여전히 애굽에 있는 중에 ³무리가 사람을 보내 그를 불렀더라 여로보암과 이스라엘의 온 회중이 와서 르호보암에게 말하여 이르되 ⁴왕의 아버지가 우리의 멍에를 무겁게 하였으나 왕은 이제 왕의 아버지가 우리에게 시킨 고역과 메운 무거운 멍에를 가볍게 하소서 그리하시면 우리가 왕을 섬기겠나이다 ⁵르호보암이 대답하되 갔다가 삼 일 후에 다시 내게로 오라 하매 백성이 가니라 ⁶르호보암 왕이 그의 아버지 솔로몬의 생전에 그 앞에 모셨던 노인들과 의논하여 이르되 너희는 어떻게 충고하여 이 백성에게 대답하게 하겠느냐 ⁷대답하여 이르되 왕이 만일 오늘 이 백성을 섬기는 자가 되어 그들을 섬기고 좋은 말로 대답하여 이르시면 그들이 영원히 왕의 종이 되리이다 하나 ⁸왕이 노인들이 자문하는 것을 버리고 자기 앞에 모셔 있는 자기와 함께 자라난 어린 사람들과 의논하여 ⁹이르되 너희는 어떻게 자문하여 이 백성에게 대답하게 하겠느냐 백성이 내게 말하기를 왕의 아버지가 우리에게 메운 멍에를 가볍게 하라 하였느니라 ¹⁰함께 자라난 소년들이 왕께 아뢰어 이르되 이 백성들이 왕께 아뢰기를 왕의 부친이 우리의 멍에를 무겁게 하였으나 왕은 우리를 위하여 가볍게 하라 하였은즉 왕은 대답하기를 내 새끼 손가락이 내 아버지의 허리보다 굵으니 ¹¹내 아버지께서 너희에게 무거운 멍에를 메게 하였으나 이제 나는 너희의 멍에를 더욱 무겁게 할지라 내 아버지는 채찍으로 너희를 징계하였으나 나는 전갈 채찍으로 너희를 징계하리라 하소서

하 나 님 의 리 십 세 우 기

르호보암의 실패와 왕국 분열

열왕기왕상 12장에는 솔로몬을 이은 르호보암과 북쪽 백성들의 총회 사이에 벌이는 협상 이야기가 나온다. 사울 이후 다윗 왕조는 승승장구했다. 솔로몬 때는 이스라엘 제국 최대의 영토와 영향력을 얻었다. 솔로몬은 "바다에서 바다까지 이르는" 거대한 제국을 건설하였다. 다윗은 하나님으로부터 '다윗 언약'을 받았다. 하나님을 전심으로 섬긴 다윗에게 하나님은 은혜의 약속을 주셨다. 그 언약의 핵심은 "네 집과 네 나라가 내 앞에서 영원히 보전되고 네 왕위가 영원히 견고하리라"(삼하 7:16)였다.

솔로몬이 죽자 르호보암이 즉위하게 되었다. 남쪽 유다 지파와 예루살렘에서는 그를 당연히 왕으로 세운 상태였지만 북쪽의 지파들은 생각이 달랐다. 그들 스스로 왕의 머리에 안수하여 왕을 세우고자 한 것이다. 이스라엘은 민주적이며 분권적인 12지파 부족 연합체적 성격을 띠고 있었기 때문에 그런 요구를 할 수 있었을 것이다. '비록 왕 앞에 무릎을 꿇고 엎드린다고 해도 왕은 우리 손으로 뽑아야 한다'는 것이 그들의 생각이었던 것이다. 북쪽 백성들이 왕이 된 르호보암에게 오라고 한 곳은 세겜이었다. 세겜은 사사 시대에 아비멜렉이 스스로 왕이 되었던 곳이다. 이런 점에서 다소 불길한 징조였다. 다윗과 솔로몬을 통해 왕정이 정착되었지만, 여전히 이전 시대의 정서를 갖고 있는 사람들이 있었기 때문에 르호보암은 북쪽으로 가면서 사리분별을 잘하여 그들의 요구에 응해야 했다. 북쪽 백성들이 르호보암에게 요구하는 것은 정당하고 분명했다.

"왕의 아버지가 우리의 멍에를 무겁게 하였으나 왕은 이제 왕의 아버지가 우리에게 시킨 고역과 메운 무거운 멍에를 가볍게 하소서 그리하시면 우리가 왕을 섬기겠나이다"(왕상 12:4).

총회는 선왕이 시행한 부역의 막중함에 대해 시정해 줄 것을 새로운 왕에게 정중하게 요구하였다. 르호보암에게는 두 부류의 참모가 있었다. 원로 그룹과 젊은 그룹이었다. 솔로몬과 함께 했던 나이든 원로 그룹은 왕에게 지혜로운 조언을 해 주었다.

"왕이 만일 오늘 이 백성을 섬기는 자가 되어 그들을 섬기고 좋은 말로 대답하여 이르시면 그들이 영원히 왕의 종이 되리이다"(왕상 12:7).

역대하에서는 그들의 말을 이렇게 적어 놓고 있다.

"왕이 만일 이 백성을 후대하여 기쁘게 하고 선한 말을 하시면 그들이 영원히 왕의 종이 되리이다"(대하 10:7).

이 말의 요점은 백성들의 충성은 왕이 먼저 스스로 저들을 위한 공복(a public servant)이 될 때 가능하다는 것이었다. 왕의 지도력은 저들을 섬길 때 생긴다는 것이었다. 말하자면 '섬김의 리더십'(servant leadership)을 주문한 것이다.

그러나 왕과 함께 권력의 중추 세력으로 부상한 젊은 그룹들은 정반대의 조언을 하였다.

"왕은 대답하기를 내 새끼손가락이 내 아버지의 허리보다 굵으니 내 아버지께서 너희에게 무거운 멍에를 메게 하였으나 이제 나는 너희의 멍에를 더욱 무겁게 할지라 내 아버지는 채찍으로 너희를 징계하였으나 나는 전갈 채찍으로 너희를 징계하리라"
(왕상 12:10-11).

너무나도 어리석고 무식하고 포악한 말이었다. 폭정을 하겠다고 공포하고 백성을 위협하라는 권고였으니 말이다. 사실 이 말은 신진 세력들이 품고 있던 열등감의 발로였다. 르호보암의 아버지 솔로몬은 위대한 능력을 보여 주었다. 이스라엘을 대제국으로 발돋움시켰다. 솔로몬 때는 은금이 흔하여 은을 돌과 같이 사용했고, 백향목이 풍부하여 뽕나무처럼 사용했다고 한다. 따라서 어느 누구도 솔로몬에게 필적할 수 없었을 것이다. 그 위대한 아버지 밑에서 자라난 르호보암은 자신이 불초소생(不肖小生)이라는 것을 느낄 수밖에 없었을 것이다. 전임자가 위대할수록 후임자가 받는 스트레스와 열등감은 크다.

르호보암은 이미 예루살렘에서 유다의 왕이 되었는데, 북쪽 지파들이 왕인 자신에게 '이리 와라 저리 가라' 하니 마음에 좋을 리가 없었을 것이다. 다윗이 헤브론에 있을 때는 오히려 북쪽 지파들이 찾아와서 그를 왕으로 옹립했는데, 이제는 왕이 찾아다녀야 할 판국이 되었다. 그러니 르호보암은 마음이 많이 상했을 것이다. 자꾸 솔로몬과 자신이 비교되는 데 대해 불쾌했을 수도 있다. 가만 두었다가는 자신의 권위가 서지 않을 것이라고 생각했을 수도 있다. 르호보암의 측근 세력들도 이를 잘 알고 있었기 때문에 그처럼 강한 말로 조언했을 것이다. 그들이 보기에는 그것이야말로 가장 지혜로운 답변이요 좋은 정책이라고 생각했을 것이다. 결국 르호보암은 백성들에게 끌려가지 않으려면 처음부터 강압 정책을 쓰자는 강경파의 조언을 따랐다. 르호보암은 지혜보다는 구호를, 섬김보다는 권위를, 민주보다는 독재를 택했다. 백성을 섬김의 대상으로 보지 않고 통치의 대상으로 본 것이다.

3일 후에 백성들이 르호보암에게 나타났다. 르호보암은 결국 원로들의 자문을 버리고 포악한 말로 대답하여 백성들의 공분을 샀다. 사실 백성들에게도 달리 대안이 있던 것은 아니었다. 솔로몬의 아들을 왕으로 세우는데 큰 이의가 있던 것도 아니었다. 솔로몬 말기에 많은 부역을 해야 했지만 국가는 강력했고, 국방도 잘 유지되었다. 백성들은 솔로몬 치하에서 땀은 흘렸지만 피는 흘리지 않았다. 북쪽 백성들이 반역할 마음이 있었다면 그런 요구도 하지 않았을 것이다. 적당히 백성들의 마음을 다독이며 끌어안고 섬기는 자세를 취했더라면, 그들은 기쁨으로 르호보암을 왕으로 받아들였을 것이다. 하지만 어리석은 르호보암의 답변으로 그들은 다윗 가문에 진저리를 치게 되었다.

"우리가 다윗과 무슨 관계가 있느냐 이새의 아들에게서 받을 유산이 없도다 이스라엘아 너희의 장막으로 돌아가라 다윗이여 이제 너는 네 집이나 돌아보라"(왕상 12:16).

결국 이 일을 계기로 해서 이스라엘은 남조와 북조로 갈라지게 되었다(BC 931). 어리석은 말 한마디가 국가를 나누고 국력을 약화시킨 것이다.

"유다 지파 외에는 다윗의 집을 따르는 자가 없으니라"(왕상 12:20).

이것은 르호보암이 원로들의 자문을 버린 결과였다. '섬김의 리더십'을 버리고 '통치의 리더십'을 택했기 때문이다.

리더십 스타일의 차이

리더는 자기중심적 리더(이기적 리더)와 섬기는 리더로 양분할 수 있다. 전자의 예로는 아비멜렉, 사울, 르호보암을 들 수 있고, 후자의 예로는 모세, 세례 요한, 예수님을 들 수 있다. 전자는 사람의 인정을 바라는 반면에 후자는 하나님의 인정을 바라면서 사람을 세워 준다. 전자는 자신의 지위를 지키는 데 대부분의 시간을 투자하지만, 후자는 자신의 지위를 섬김을 위해 일시적으로 맡은 것으로 생각한다. 전자는 자신이 하기 싫은 일을 타인에게 강요하지만, 후자는 자신이 행하지 않을 일을 다른 사람에게 요구하지 않는다.

'나는 자기중심적인 이기적인 리더인가? 아니면 다른 사람의 유익을 드러내는 섬기는 리더인가?'

이 질문에 대한 답변은 다음과 같은 것들로 진단해 볼 수 있다. 자신의 이익, 자기만족, 자기과시, 자기방어, 자신의 성취만을 추구하고 있다면 자기중심적인 리더이다. 반면 하나님 나라, 겸손, 희생, 헌신, 순종, 성실, 용납, 사랑을 추구하고 있다면 섬기는 리더이다. 섬기는 리더는 의미를 추구하며 가치를 중시한다. '섬김'이라는 원칙에 따라, 진정한 리더와 세상의 명예만을 추구하는 리더를 구별할 수도 있다.

'섬기는 리더'가 되기 위해서는 먼저 하나님의 종이 되어야 한다. 하나님께 순종하고 모든 영광을 하나님께 돌려야 한다. 성공했을 때 겸손할 줄 알아야 진정으로 섬기는 리더가 될 수 있다. 종은 아무리 자신이 목적을 달성하고 성취했다 해도 자신을 드러내서는 안 된다. 오직 다음과 같이 말할 줄 알아야 한다.

"우리는 무익한 종이라 우리가 하여야 할 일을 한 것뿐이라"(눅 17:10).

스타가 되려는 리더의 마음에는 '헛된 야망'이 자리 잡고 있다. 그러기에 섬기는 리더에게는 반드시 순종과 겸손이 있어야 한다. 하나님의 '제 일의 사랑의 언어'는 순종이다. 하나님은 순종과 겸손이라는 두 수호천사를 통해 리더를 보호해 주신다.

'섬김의 리더십'은 상충하는 개념 같이 느껴진다. 섬김(servant)과 리더(leader)가 어울리지 않기 때문이다. 종이 리더가 된다는 뜻이거나 반대로 리더가 종이 된다는 의미이기 때문이다. 인간의 본성은 이것을 용납하지 못한다. 내 안에 숨겨진 본성은 지위와 특권, 명성과 존경, 과시와 자랑, 성공과 성장을 추구한다. 세상의 지배자들은 자기 뜻대로 행동하고 군림하고 명령하고 지배하고 자기 영광을 구하고 다른 사람을 희생시킨다. 일을 중시하고 사람을 수단으로 여긴다. 이것은 지금 우리의 모습과 별반 다르지 않다. 우리도 그 자리에 있다면 이런 행태를 보였을 것이다. 지배자는 결코 종이 되려 하지 않는다.

하지만 영적인 리더십은 세속적인 리더십과 본질적으로 달라야 한다. 영적인 리더십은 바로 섬기는 리더십이다. 섬기는 리더십은 본질적으로 인간의 본성과 맞지 않다. 따라서 영적인 리더십을 구현하기 위해서는 성령의 역사가 절대적이다. 성령이 임재하셔야 인간성을 변화시킬 수 있기 때문이다. 섬김의 리더십은 교회의 트레이드마크인데 오히려 세상이 그 개념을 말하기 시작했다. 더욱 안타까운 점은 교회에서 섬김의 리더십이 사라지고 있다는 것이다.

섬기는 리더십은 예수님의 방식이다. 예수님은 공생애 당시에 어떤 공적인 자리도 차지한 적이 없으셨다. 학위나 문벌이 좋은 것도 아니셨다. 하지만 영적인 권위가 있으셨고 가시는 곳마다 많은 사람이 모여 그분의 말씀을 경청했다. 종교 지도자들이 경계하고 시기하고 미워하던 예수님의 이런 리더십은 바로 섬김에서 온 것이다. 다시 말하지만 '더 높은 자리'와 리더십은 같지 않다. 지위가 리더십을 발휘할 기회를 주는 것은 사실이지만, 그 지위가 당신이 리더라는 것을 보증해 주는 것은 아니다. 리더는 자신의 성취욕, 권력, 명예, 재물이 아니라 하나님의 손에 붙잡히게 될 때, 진정으로 위대해질 수 있다. 성속(聖俗)에 무관하게 모든 리더가 예수님의 섬김의 방식을 따를 때, 놀라운 리더십을 발휘하게 될 것이다.

예수님은 리더십의 본질이 섬김임을 누누이 강조하셨다. 서기관들과 바리새인들을 책망하시면서 이렇게 말씀하셨다.

"너희 중에 큰 자는 너희를 섬기는 자가 되어야 하리라"(마 23:11).

우리는 군림하기보다는 더 많은 사람을 섬기기 위한 비전을 가져야 한다. 많은 사람을 섬길수록 더 큰 인물이 될 수 있다. '섬기는 자'의 헬라어 단어는 '디아코노스'(diakonos)이다. 디아(dia-)는 '~을 통하여'라는 뜻이고 코노스(konos)는 '먼지, 흙, 티끌'이라는 뜻이다. 디아코노스는 '먼지를 통하여'를 의미하는데, 즉 섬김은 '먼지투성이 길 위에 서는 것'을 의미한다. 예수님은 "인자가 온 것은 섬김을 받으려 함이 아니라 도리어 섬기려 하고 자기 목숨을 많은 사람의 대속물로 주려 함이니라"(마 20:28)고 말씀하셨다. 세상의 왕들은 사람들을 자신을 위해 죽으라고 사지로 내보내지만, 만왕의 왕이요 만주요 주 되신 예수님은 유일하게 백성들을 위해 죽으러 오신 왕이셨다.

기독교에는 역설의 진리가 존재한다. 하나님의 나라에서는 첫째가 꼴찌 되고, 꼴찌가 첫째 된다. 먼저가 나중 되고, 나중이 먼저 된다. 으뜸이 종이 되고, 종이 으뜸이 된다. 리더십도 동일하다. 예수님은 믿는 자들에게 섬김의 리더십을 강조하셨다. 자신을 낮추고 종이 되어 섬기라고 하셨다. 하지만 영적으로 보면 그들이야말로 제일 위대하고 큰 자이다. 예수님은 큰 자가 되려는 자는 섬기는 자가 되어야 한다고 말씀하셨다. 자기를 높이는 자는 반드시 낮아지고, 자기를 낮추는 자는 높아진다. 우리는 세상 사람들처럼 '상향 지향의 삶'이 아니라 '하향 지향의 삶'을 살아야 한다.

제자들의 발을 씻기신 예수님

섬기는 예수님의 모습을 단적으로 볼 수 있는 장면은 성만찬 자리에서 제자들의 발을 씻기신 장면일 것이다. 오직 요한만이 이 기사를 기록하고 있다(요 13:4-5). 발을 씻기는 것은 당시 문화에서 종들이나 하는 일이었다. 그것도 아주 낮은 직급의 종이 하던 일이었다. 그런데 성만찬 자리에서 예수님이 갑자기 일어나셔서 대야에 물을 채우시고 수건을 허리에 두르시고 제자들의 발을 씻기셨다. 그동안 랍비로 알았고, 또한 주님으로 고백했던 예수님께서 말이다. 제자들은 어리둥절했지만, 예수님은 이 행위를 통해 영적인 교훈을 가르치셨다. '수건과 대야'에서 오는 권위를 보여 주신 것이다. 대야는 모든 것을 용납한다. 대야 안에 물이 담겨 있는데 이는 바다 같은 것이다. 바다가 바다인 것은 모든 물을 '받아들이기' 때문이다. 대야는 그래서 포용력과 수용성을 상징한다. 그 안에 담긴 물은 모든 더러운 것을 씻기는 정화력이다. 수건은 더러운 것을 닦아 준다. 눈물과 상처를 없애 준다. 따라서 예수님이 잡으신 대야, 물, 수건은 모든 것을 수용하는 거대한 포용력이다.

예수님은 이 행위를 통해 자신의 사랑을 증명하셨다. 씻기기 위해서는 물을 대야에 떠오는 수고를 해야 한다. 그리고 제자들 앞에 무릎을 꿇어야 하는데 이는 겸손을 보여 준다. 발을 만지며 발 냄새를 맡아야 하고 손으로 발에 묻은 때의 더러움을 씻겨야 한다. 마지막으로 수건으로 닦아 물기를 제거해야 한다. 이 모든 일은 사랑이 풍성한 자애로운 어머니의 모습을 닮았다.

예수님이 지실 십자가와 제자들의 발을 씻기시는 일은 상관성이 있다. 둘 다 하나님의 사랑을 표현하기 때문이다. 십자가는 인간의 죄를 씻기는 것이다. 예수님은 인간을 섬기기 위해 죽기까지 낮아지신 겸손을 보여 주셨다. 빌립보서에서 바울은 예수님의 성육신과 십자가에 처절하게 죽으심을 케노시스(kenosis, 비움)와 타페이노시스(tapeinosis, 낮춤)로 보여 주었다. 자신을 비우고 낮춘 것이다. 하나님이 인간 앞에서 스스로 무릎을 꿇으셨다. '수건과 대야'가 표상하는 바로 그 의미들이 십자가 사건 속에도 녹아 있었다.

이때 베드로가 보인 반응은 세속적인 사람들이 흔히 생각하는 리더십이었다. 그는 예수님께서 자신의 발을 씻지 못하게 막았다. 베드로는 아랫사람이 윗사람을 섬겨야 한다고 믿어 왔다. 섬기는 사람은 낮은 사람이라는 생각을 품고 있었다. 그때까지 베드로는 예수님의 사명과 사역에 대해, 참된 영적 리더십에 대해 아직 깨닫지 못했던 것이다. 그는 발을 씻기는 의미를 전혀 모르고 있었다.

"내가 너를 씻어주지 아니하면 네가 나와 상관이 없느니라"(요 13:8).

이 씻음은 육신적 씻음뿐 아니라 영적인 씻음을 포함한다. 이 행위는 예수님의 일회성 이벤트가 아니라 제자들의 삶의 양태가 되어야 한다.

"내가 너희에게 행한 것 같이 너희도 행하게 하려 하여 본을 보였노라"(요 13:15).

우리가 본받아야 할 것은 예수님처럼 낮추고 섬기는 것, 특히 다른 사람들의 더러운 부분을 만져 주고 사랑으로 씻어 주는 것이다.

「종의 마음」이란 책은 예수님이 제자들의 발을 씻기신 사역을 본받은 데이빗 케이프의 섬김의 사역을 보여 준다. 데이빗 케이프 목사는 1988년 안정적인 목회 사역을 내려놓고 아내 캐롤과 함께 전도여행을 떠났다. 부부가 가져간 것은 십자가와 대야, 물탱크, 접이식 의자와 수건뿐이었다. 남아프리카 소웨토에서 시작하여 이라크, 터키, 미국, 멕시코, 스리랑카 등 전 세계를 다녔다. 그들은 다니면서 쓰나미로 고통 받는 이들, 창녀와 나환자, 알코올과 마약중독자, 노숙자, 고아를 안아 주며 발을 씻어 주는 일을 하였다. 그런데 놀라운 일이 일어났다. 데이빗 부부가 사람들의 발과 영혼을 닦으며 섬길 때, 하나님의 긍휼과 자비와 은혜가 그들을 치유하는 등 놀라운 변화가 일어난 것이다. 사랑으로 격려하고, 예수님의 이름으로 섬기고, 진심을 다할 때 사람들이 변화된다고 그는 책 속에서 증언하고 있다.

미국의 지미 카터 전 대통령은 퇴임 후에 더욱 존경받은 인물로 유명하다. 그는 퇴임 후에 '사랑의 집짓기 운동'(Habitat for Humanity)에서 봉사했는데, 그는 자신이 해비타트에서 일하게 된 동기가 제자들의 발을 씻기신 예수님의 모범 때문이라고 고백했다.

"예수님이 제자들의 발을 씻기신 이미지는 제가 예수님의 본을 따라갈 때 큰 유익이 되었습니다. 예를 들어, 해비타트 팀과 함께 집을 지으러 마약 중독자나 범죄자들의 거주지, 길가에서도 총소리가 들리는 로스앤젤레스나 시카고의 빈민가에 갈 때마다, 저는 하나님께서 이 길을 저보다 앞서 가셨다는 것을 상기했습니다. 그러면 저는 계속해서 그 일을 감당할 수 있었습니다."

겸손한 마음으로

섬김에서 제일 중요한 것은 겸손한 마음이다.

"아무 일에든지 다툼이나 허영으로 하지 말고 오직 겸손한 마음으로 각각 자기보다 남을 낫게 여기고 각각 자기 일을 돌볼뿐더러 또한 각각 다른 사람들의 일을 돌보아 나의 기쁨을 충만하게 하라 너희 안에 이 마음을 품으라 곧 그리스도 예수의 마음이니"(빌 2:3-5).

십자가는 하나님의 낮아지심을 보여 주고 있다. 헨리 나우웬은 이렇게 말한다.

"그리스도인 리더의 길은 세상이 전력을 기울이는 상향성의 길이 아니라, 십자가를 향해 가는 하향성의 길이다. 그것은 권력과 통제의 리더십이 아니라, 하나님의 고난 받는 종 예수 그리스도가 보이신 무력함과 겸손의 리더십이다."

높아지려는 교만은 나라를 분열시킨다. 제자들 사이도, 교회도 분열시킨다. 그러나 섬김은 우리를 하나로 만든다. 교회를 일치시킨다. 교회의 문제점 중 하나가 '디오드레베 신드롬'(요삼 9절)이다. "교회에서 으뜸이 되기를 좋아하는" 성향을 가진 사람들이 득세하는 한, 교회에는 평안이 없다. 디오드레베 형 인물은 교회의 직분을 직위로 혼동하고 권세를 부리려 한다. 이들은 참된 기독교 지도자가 아니다. 상석 의식(head-table mentality)도 역시 겸손과는 대척점에 있는 것이다. 우리는 어떤 자리에서든 상석을 찾을 것이 아니라 말석에 가서 앉아야 한다. 리더는 자신을 낮추고 하나님이 높여 주실 때를 기다릴 줄 아는 사람이다.

언젠가 "1만 명 미국 대형교회 목사 노숙인이 되다"는 기사가 화제가 된 적이 있다. 예레미야 스티펙 목사는 새로 부임하게 된 교회 부근에서 노숙인으로 변장하고 교회를 향해 가는 사람들에게 '음식 살 돈'을 구걸했다. 그러나 아무도 관심을 보이지 않았다. 예배당에 들어가 맨 앞자리에 자리를 잡으려 하니 안내위원들이 제지하여 뒤쪽으로 물러났다. 사회자가 새로 부임한 목사를 소개하자 맨 뒤에 노숙자 차림으로 앉아 있던 그가 강단에 올랐다. 그를 보고 놀란 교인들을 향해 그는 이렇게 말했다.

"오늘 아침 교인들이 모이는 것을 보았습니다. 하지만 예수 그리스도의 교회는 아니었습니다. 세상에 교인은 많습니다. 하지만 제자는 부족합니다. 여러분은 언제 제자가 되시겠습니까?"

섬김의 리더십의 예들

이 세상도 섬김이 진정으로 영향력을 발휘한다는 사실을 잘 알고 있다. 영국 샌드허스트 육군사관학교의 교훈은 "이끌려면 섬겨라"(Serve to Lead)이다. "섬김으로서 이끌라"고 번역할 수도 있다. 서번트 리더십센터의 최고경영자 로버트 그린리프는 "사람들은 섬기는 사람으로 증명되고 신뢰감을 주는 리더들에게만 자연스럽게 반응할 것이다. 미래에 유일하게 생존할 수 있는 제도는 주로 섬기는 사람이 이끌어가는 공동체가 될 것이다"라고 하였다. 미국의 대형 유통업체인 월마트도 섬기는 리더십을 추구한다.

"섬기는 리더는 적극적이고 능동적으로 부하들의 견해를 경청listening하고, 부하들의 감정에 공감empathy하며, 그들의 필요에 민감하고, 부하들을 이끌면서 그들의 문제와 어려움을 치유healing할 수 있는 역량을 가져야 한다."

권위에는 강성 권위(hard authority)와 연성 권위(soft authority)가 있다. 어느 시대나 지도자에게는 권위가 있어야 한다. 지금 우리에게 필요한 권위는 부드러운 권위이다. 지위에 의한 강압적인 것보다는 마음을 움직이는 자발적인 것이어야 한다. '권력'이라는 힘도 질적으로 변화되어 '다스리는 힘'에서 '섬기는 힘'으로 가야 한다. 섬김에는 마음을 움직이는 힘이 있다. 이러한 연성 권위는 지도자의 섬김과 희생에 근거한다. 어머니가 자녀들에게 권위가 있는 이유가 그의 희생과 섬김 때문인 것과 마찬가지이다. 슈바이처, 테레사, 손양원, 장기려 같은 분들이 영향력이 있었던 것은 그들의 섬기는 삶 때문이었다.

한국의 슈바이처로 불리는 장기려 박사는 평양의과대학 교수로 있다가 6·25전쟁 때 월남하여 부산에 가서 천막을 치고 무료 병원을 개설했다. 그의 평생 철학은 "가난한 사람도 치료 혜택을 받아야 한다"는 것이었다. 서울의대의 전신인 경성의대를 수석으로 졸업하고, 59년 국내 최초로 간 대량 절제수술에 성공한 당시 최고의 외과 의사였지만, 그는 평생 가난하고 어려운 사람들을 섬기는 삶을 살았다. 1968년 한국 최초로 청십자 의료보험조합을 설립하여 가난한 사람들이 병원 출입을 가능하게 했고, 현재의 의료보험제도의 기초를 만들었다. 장 박사는 복음병원을 세우고 그들을 치료해 주었는데, 가난한 환자들이 와서 치료비를 내지 못하면 자기 월급으로 대신 내주었고, 감당하기 어려운 치료비는 환자가 도망갈 수 있게 문을 열어 주었으며, 영양실조 걸린 환자는 처방전 대신 닭 사먹을 돈을 주었다고 한다. 그는 뇌경색으로 반신이 마비될 때까지 무의촌 진료를 다니며 20평 남짓한 병원 옥탑방 사택에서 홀로 살면서, 마지막 순간까지 병든 많은 서민을 섬기다 1995년 성탄절 새벽에 하나님께 부름을 받았다. 본인은 화장하여 부산 앞 바다에 뿌려 주기를 원했지만 모란공원에 묻혔고, 묘비에는 "주님을 섬기다 간 사람" "모든 것을 가난한 이웃에게 베풀고, 자기를 위해서는 아무것도 남겨놓지 않은 선량한 부산 시민, 의사, 크리스천 이곳 모란공원에 잠들다"라고 새겨져 있다.

섬김의 리더십은 이론이 아니라 실천이 중요하다. 그렇다면 우리는 무엇으로 섬길 수 있을까? 우리의 마음으로, 물질로, 시간으로, 재능으로 섬길 수 있다. 진정한 섬김은 작은 것, 큰 것을 가리지 않는다. 진정한 섬김은 숨은 섬김에 만족한다. 진정한 섬김은 대상을 가리지 않는다. 진정한 섬김은 보답을 기대하지 않는다. 진정한 섬김은 기분과 감정에 좌우되지 않는다. 진정한 섬김은 삶의 방식이다. 진정한 섬김은 공동체를 세운다.

PART **3**

임재의 리더십

하나님의 임재 안에 있는 리더는
평범한 일을 비범하게 한다

여호수아 1:5-9 ⁵네 평생에 너를 능히 대적할 자가 없으리니 내가 모세와 함께 있었던 것 같이 너와 함께 있을 것임이라 내가 너를 떠나지 아니하며 버리지 아니하리니 ⁶강하고 담대하라 너는 내가 그들의 조상에게 맹세하여 그들에게 주리라 한 땅을 이 백성에게 차지하게 하리라 ⁷오직 강하고 극히 담대하여 나의 종 모세가 네게 명령한 그 율법을 다 지켜 행하고 우로나 좌로나 치우치지 말라 그리하면 어디로 가든지 형통하리니 ⁸이 율법책을 네 입에서 떠나지 말게 하며 주야로 그것을 묵상하여 그 안에 기록된 대로 다 지켜 행하라 그리하면 네 길이 평탄하게 될 것이며 네가 형통하리라 ⁹내가 네게 명령한 것이 아니냐 강하고 담대하라 두려워하지 말며 놀라지 말라 네가 어디로 가든지 네 하나님 여호와가 너와 함께 하느니라 하시니라

하 나 님 의 리 더 세 우 기

여호수아서는 여호와의 종 모세가 죽었음을 알리는 것으로 시작된다.

"여호와의 종 모세가 죽은 후에"(수 1:1).

모세가 죽자 지도자를 잃은 백성들은 위축될 수밖에 없었다. 그러나 하나님은 그분의 일을 멈추지 않으셨다. 모세의 장례로 40일을 보낸 후, 하나님께서 여호수아에게 나타나셨다. 그리고 그를 격려하시면서 백성들을 이끌고 가나안 땅으로 들어가라고 명령하셨다. 그러면서 몇 가지 당부의 말씀을 하셨는데, 그것은 여호수아의 정체성을 형성하는 말씀이 되었고, 그의 삶을 이끌어 가는 원리가 되었다. 이런 그의 모습은 우리가 따라야 할 리더십을 보여 준다. 그렇다면 모세를 이은 여호수아의 리더십의 특징은 무엇인가?

성경에서 본 여호수아 리더십의 특징

첫째, 하나님이 함께 하신다

하나님은 두려움에 떨고 있는 여호수아에게 강하고 담대하라고 말씀하셨다. 하나님이 그와 함께 하셨기 때문이다. 하나님의 임재의 약속은 승리와 성공의 보증수표나 마찬가지이다. 위대한 모세가 떠난 것은 재난이 아니었다. 모세와 함께 하셨던 그 하나님이 여전히 함께 계시면 된다. 중요한 것은 위대한 인물이 아니라 위대한 하나님이시기 때문이다. 하나님은 이렇게 말씀하시지 않았다.

"모세가 죽었으니 이제 너희는 되돌아가라."

오히려 하나님은 이렇게 말씀하셨다.

"모세는 죽었다. 하지만 너희는 그 땅으로 들어가라."

그렇다면 정말로 누가 그들을 그 땅으로 인도할 것인가? 바로 여호와 하나님이시다. 백성들이 애굽을 떠날 수 있었던 것도, 광야에서 40년 동안 인도받았던 것도, 모세가 아닌 하나님으로 말미암은 것이었다. 눈에 보이는 것은 모세였지만, 그를 인도하신 분은 하나님이셨다. 이제 하나님은 여호수아를 택하셨고, 바로 여기에서 그의 자신감이 나오게 되었다. 그의 자신감은 바로 '하나님의 임재'였다.

아파르트헤이트(Apartheid, 인종차별정책)로 악명 높은 남아공에 최초의 흑인 대통령으로 취임한 넬슨 만델라는 1994년 취임 연설에서 다음과 같이 말했다.

"우리의 가장 큰 두려움은 우리가 부적합하다는 사실이 아니다. 우리의 가장 큰 두려움은 우리가 측정할 수 없을 만큼 강력하다는 사실이다. 우리를 놀라게 하는 것은 우리의 어둠이 아니라 우리의 빛이다. 우리는 자신에게 묻는다. '내가 누구이기에 눈부시고 화려하고 재능 있으며 또한 탁월하단 말인가?' 하고 말이다. 우리가 그렇지 못할 이유가 무엇인가? 우리는 하나님의 자녀이다. 자기 자신을 보잘것없게 여기는 것은 아무 도움이 되지 않는다. 움츠러들어 주변 사람들을 불안하게 하는 것은 식견 있는 태도가 아니다. 우리는 우리 안에 있는 하나님의 영광을 드러내기 위해 태어났다. 그것은 일부 사람들 안에만 있는 것이 아니다. 모든 사람 안에 있다."

하나님이 우리와 함께 계신다는 것, 그것이 바로 우리의 자신감이 되어야 한다.

둘째, 하나님은 말씀으로 인도하신다

여호수아의 담대함은 말씀으로 인도하시는 하나님께 순종한 것에 있었다. 인생은 망망대해와 같다. 어디로 가야 할지 몰라 좌절하고 절망할 때가 많다. 그때 올바른 곳을 지시해 주는 누군가가 있다면 얼마나 좋겠는가? 그런데 그분이 바로 하나님이시다. 하나님은 우리를 고아처럼 버려두지 않으시고, 우리를 끊임없이 말씀으로 인도

하시는 분이다. 성경 말씀을 통해 그때그때 필요한 말씀을 공급해 주신다. 모세에게는 대면하여 직접 말씀하셨지만, 여호수아에게는 이미 주신 말씀으로 다시 말씀하셨다. 우리는 성령님을 통하여 진리 가운데로 인도받는다. 성령님은 모든 하나님의 역사와 말씀을 현재화시켜주는 분이시다. 그래서 살아 계신 하나님을, 살아 역사하는 말씀을 경험하게 해 주신다.

여호수아서의 패턴을 보면, 하나님께서 '말씀하시면' 여호수아는 그 지시에 철저히 '순종했고' 그래서 '승리했다'는 식으로 그려지고 있다(수 1:1, 3:7, 4:15, 5:15, 7:10, 8:1-2, 23:14). 여호수아는 여호와의 말씀에 따라 할례를 행했고, 요단강을 건넜다. 아이 성 전투에서 패배하자 하나님 앞에 엎드렸고, 그분의 말씀대로 아간을 응징한 후에 하나님의 지시대로 나아가 이겼다. 때론 실수가 있었지만 여호수아는 그때마다 엎드려 하나님의 말씀을 구했고, 들려진 말씀대로 순종하여 결국 승리했다. 여호수아는 유언할 때에도 하나님의 말씀은 하나도 틀리지 않았다고 증언하고 있다.

"보라 나는 오늘 온 세상이 가는 길로 가려니와 너희의 하나님 여호와께서 너희에게 대하여 말씀하신 모든 선한 말씀이 하나도 틀리지 아니하고 다 너희에게 응하여 그 중에 하나도 어김이 없음을 너희 모든 사람은 마음과 뜻으로 아는 바라"(수 23:14).

우리는 '때로 어떻게 살까', '어떻게 이 문제를 해결할까', '무엇을 할까' 고민할 때가 있다. 그때 하나님의 말씀을 구하면 된다. 그리고 들려진 말씀에 따라 행하고 좌로나 우로 치우치지 않으면 된다. 이것이 바로 여호수아가 승리한 비결이다.

셋째, 하나님은 형통하게 하신다

여호수아의 형통은 자신의 능력에서 온 것이 아니라 하나님으로부터 주어진 형통이었다. 인간은 아무리 노력해도 한계가 있다. 하지만 하나님께서 주시는 형통은 우리의 생각을 초월하는 것이다. 형통한 삶을 원하는가? 말씀을 주야로 묵상하고 가르침을 따라 살면 된다.

"너희 중 한 사람이 천 명을 쫓으리니 이는 너희의 하나님 여호와 그가 너희에게 말씀하신 것같이 너희를 위하여 싸우심이라"(수 23:10).

임마누엘 리더십

위의 세 가지를 한마디로 요약하면 '하나님과 함께 사는 것'이다. 여호수아의 리더십은 하나님과 함께 사는 리더십, 임마누엘의 리더십이었다. 우리는 여호수아의 성장과 훈련 과정 곳곳에서 이런 리더십을 발견할 수 있다. 사실 하나님의 임재를 간절히 구할 때는, 그래서 하나님께서 그에게 가까이 하시는 때는 오히려 환난과 역경의 때이다. 그런 점에서 환난과 역경은 임재의 리더십을 구현하는데 최적의 조건이 되기도 한다. 여호수아는 확실히 고난과 연단이 많은 사람이었다. 모세는 하늘에서 양식이 내렸지만 여호수아는 싸워서 양식을 쟁취해야만 했다.

여호수아는 적의 눈을 피해 광대한 지역을 밟았다. 아마도 이런 경험들이 이스라엘을 이끌고 가나안에 들어간 원동력이 되었을 것이다. 여호수아는 모세의 지시를 받아 이미 청년 시절에 정탐꾼으로서 가나안 땅 전역을 정탐했다. 사람은 자신이 가본 곳까지만 다른 이들을 인도할 수 있다. 40년 전, 여호수아는 가나안까지 다녀오지 않았는가! 그는 애굽의 노예, 광야의 방황, 수없는 가나안 정복전쟁을 치루며 이스라엘 백성을 정착시켰다. 그리고 그 가운데 임재의 리더십을 구현시켰다. 애굽의 노예 출신이 이스라엘을 가나안에 정착시키는 성공적인 리더가 된 것이다.

모세의 후임으로 여호수아를 임명한 분은 하나님이시다. 하나님은 여호수아에게 하나님의 영이 임재하고 있다는 사실을 증언하셨다.

"여호와께서 모세에게 이르시되 눈의 아들 여호수아는 그 안에 '영이 머무르는 자'니 너는 데려다가 그에게 안수하고"(민 27:18).

모세가 여호수아에게 안수하자, 그에게 지혜의 영이 충만했다.

"모세가 눈의 아들 여호수아에게 안수하였으므로 그에게 '지혜의 영이 충만'하니 이스라엘 자손이 여호와께서 모세에게 명령하신 대로 여호수아의 말을 순종하였더라"(신 34:9).

구약 성경에 기록된 여호수아의 모습은 그가 성령 안에서 지속적으로 성장했음을 말해 준다. 여호수아는 하나님에게서 한순간도 눈을 떼지 않았다. 모세가 회막을 떠날 때에도 그는 회막을 지켰다. 그러면서 애굽, 광야, 가나안에서 시종일관 하나님이 자신을 주관하심을 믿었다. 그것이 여호수아를 위대한 인물로 만들어 냈다. 하나님의 임재는 곧 승리의 보증이다. 정탐꾼 시절에 여호수아와 갈렙이 가나안에 들어갈 수 있다고 담대하게 말한 것도, 그들이 하나님의 임재를 확신했기 때문이었다.

"다만 여호와를 거역하지는 말라 또 그 땅 백성을 두려워하지 말라 그들은 우리의 먹이라 그들의 보호자는 그들에게서 떠났고 '여호와는 우리와 함께 하시느니라' 그들을 두려워하지 말라"(민 14:9).

다수결의 원리에 따랐다면 여호수아와 갈렙도 나머지 열 명의 정탐꾼과 의견을 같이 해야 했다. 그들은 자포자기한 말만 쏟아내며 다른 백성들까지도 죽음의 나락으로 몰고 갔다. 하지만 여호수아와 갈렙은 하나님이 함께 하신다는 확신을 갖고 정면으로 맞서는 용기를 보여 주었다. 그들은 자신감이 충만했다. 자신감은 영어로 'confidence'인데 어원상으로 '확고한'(con-) '믿음'(fidence)이라는 뜻이다. 자신감은 확고한 믿음에서 나온다는 뜻이다. 그들은 하나님을 믿었고, 하나님이 함께 하심을 믿었으며, 하나님이 승리를 주실 것을 믿었다.

여호수아는 본질상 군대 장군, 즉 무인(武人) 출신이었다. 그러나 그는 무술이나 지략, 전술이 탁월하여 위대한 과업을 완수한 것이 아니었다. 그가 가지고 있던 것은 바로 영적 리더십, 즉 임재의 리더십이었다. 지도자는 하나님이 함께 하심을 보여 주어야 한다. 하나님이 함께 하시면 천만인이 둘러쌓아도 걱정할 것이 없기 때문이다.

출애굽기 17장에 기록된 여호수아의 첫 임무는 아말렉과 싸우는 것이었다. 오합지졸(烏合之卒)의 군대를 이끌고 잘 훈련된 군대와 싸운다는 것은 보통 힘든 일이 아니었다. 하지만 여호수아는 하나님과 모세를 믿고 출전했다. 군사력으로 보면 아말렉 군대가 월등하게 압도적이었다. 모세는 이 광경을 산 위에서 지켜 보며 하나님의 지팡이를 손에 잡고 여호수아를 위해 힘을 다해 기도했다. 아론과 훌이 좌우편에서 모세의 팔을 붙들고 기도를 도왔다. 그날의 전투는 '군사력'의 승리가 아니라 '기도력'의 승리였다. 그러했기에 이제 그들은 살고자 하면 기도하지 않을 수가 없었다. 그들은 기도로 싸우는 것을 배웠다. 기도가 전투라는 것을 배웠다.

아말렉과의 전투에서 승리한 뒤, 하나님은 모세에게 그날의 전적을 기록하여 여호수아의 귀에 읽어 들려주라고 말씀하셨다. 승리의 비결을 가르쳐 주라는 것이었다. 바로 가나안 정복 전쟁을 위해서 말이다. 이것은 가나안 전쟁의 축소판이었다. 여호수아가 여기에서 배운 것은 '전쟁에서 이기고 지는 것은 사람에게 달려 있는 것이 아니라 전능하신 하나님께 달려 있다'는 사실이었다. "전쟁은 하나님께 속한 것이다." "하나님의 손이 함께 하면 반드시 승리한다." "우리에게 필요한 것은 하나님을 향한 믿음과 헌신이다." 여호와 닛시, 즉 승리하게 하시는 하나님을 경험한 것이다. 모세가 유언을 남길 때, 여호수아에게 당부한 것도 그 취지가 동일했다.

"모세가 여호수아를 불러 온 이스라엘의 목전에서 그에게 이르되 너는 강하고 담대하라 너는 이 백성을 거느리고 여호와께서 그들의 조상에게 주리라고 맹세하신 땅에 들어가서 그들에게 그 땅을 차지하게 하라 그리하면 '여호와 그가 네 앞에서 가시며 나와 함께 하사' 너를 떠나지 아니하시며 버리지 아니하시리니 너는 두려워하지 말라 놀라지 말라"(신 31:7-8).

왜 여호수아서에 "너는 두려워하지 말라 내가 너와 함께 함이라"는 말씀이 반복적으로 나오는지 아는가? 그 이유는 여호수아가 두려워했기 때문이다. 그가 해야 할 일은 모세도 하지 못한 일이었다. 그랬기에 여호수아에게는 담대함이 필요했고, 여호와의 함께 하심이 절실했다. 여호수아는 곁에서 모세의 성공과 실패를 모두 봐 왔고, 불평불만하는 백성들의 성향도 잘 알고 있었다. 그러나 그들의 불만을 잠재울 만한 카리스마는 없었다. 도무지 해결의 실마리가 보이지 않을 때, 여호수아가 붙들 수 있는 것이 무엇이었겠는가? 그것은 하나님께서 자신과 함께 하신다는 것뿐이었다. 그것은 자신의 평생의 훈련과 연단을 통해 얻은 지식이었고, 모세가 죽기 전에 축복한 내용이었으며, 취임할 때에 여호와 하나님께 직접 들은 말씀이었다. 하나님은 여호수아에게 약속하셨다.

"내가 너를 떠나지 아니하며 버리지 아니하리니"(수 1:5).

하나님은 어떤 선물보다도 우리에게 자기 자신을 주신다. 여호수아가 성공한 것은 용감했기 때문이 아니라 하나님과 동행했기 때문이다.

"여호와께서 여호수아에게 이르시되 내가 오늘부터 시작하여 너를 온 이스라엘의 목전에서 크게 하여 내가 모세와 함께 있었던 것 같이 '너와 함께 있는 것'을 그들이 알게 하리라"(수 3:7).

모세가 여호수아에게 해 준 권면, 즉 하나님이 함께 하시니 담대하라는 문장은 이후 성경을 보면 많이 나온다. 다윗이 노년이 되어 왕위를 양위할 때에도 솔로몬에게 이렇게 말했다.

"또 그의 아들 솔로몬에게 이르되 너는 강하고 담대하게 이 일을 행하라 두려워하지 말며 놀라지 말라 네가 여호와의 성전 공사의 모든 일을 마치기까지 여호와 하나님 나의 하나님이 너와 함께 계시사 네게서 떠나지 아니하시고 너를 버리지 아니하시리라"(대상 28:20).

앗수르 산헤립의 침공을 받아 국가가 누란지위(累卵之危)에 처했을 때에도 히스기야 왕은 백성을 독려하며 이렇게 말했다.

"너희는 마음을 강하게 하며 담대히 하고 앗수르 왕과 그를 따르는 온 무리로 말미암아 두려워하지 말며 놀라지 말라 우리와 함께 하시는 이가 그와 함께 하는 자보다 크니 그와 함께 하는 자는 육신의 팔이요 우리와 함께 하시는 이는 우리의 하나님 여호와시라 반드시 우리를 도우시고 우리를 대신하여 싸우시리라 하매 백성이 유다 왕 히스기야의 말로 말미암아 안심하니라"(대하 32:7-8).

구약 최고의 문장가요 예언자인 이사야도 백성들을 위로하면서 하나님의 함께 하심을 표현했다.

"두려워 말라 내가 너와 함께함이니라 놀라지 말라 나는 네 하나님이 됨이니라 내가 너를 굳세게 하리라 참으로 너를 도와주리라 참으로 나의 의로운 오른손으로 너를 붙들리라"(사 41:10).

하나님 편에 서라

여호수아는 항상 하나님의 임재를 유념하면서 강하고 담대하게 나아가 승리를 쟁취했다. 하지만 항상 승리한 것은 아니었다. 기브온 사람들과 언약을 체결했다가 후회하기도 했고(수 9장), 아간의 탐심으로 아이성 전투에서 패배하기도 했다(수 7-8장). 우리는 하나님의 함께 하심을 경험하기 위해 그분의 편에 서야 한다. 두 사람이 의기투합하지 못하면 함께 갈 수 없듯이, 우리는 하나님과 함께 하기 위해 그분의 성품과 뜻에 맞게 살아가야 한다.

미국 남북전쟁 당시, 링컨 대통령은 전쟁터 막사에 수건을 걸어놓고 기도했는데, 치열한 전투의 현장에서도 그는 기도를 게을리 하지 않았다. 어느 날 그가 기도를 마치고 나왔을 때, 기다리고 있던 군대 장군이 그에게 이렇게 말했다.

"하나님이 우리 편을 들어주시면 얼마나 좋겠습니까?"

남부군과 북부군이 서로 하나님은 자신들을 도우신다고 주장하니 그런 말을 할 법도 했다. 그때 링컨은 "나의 관심은 '하나님이 누구의 편이신가가 아니라 내가 지금 하나님 편에 서 있는가'라네"라고 대답했다.

성결교회의 유명한 부흥사였던 이성봉 목사는 늘 하나님의 임재 안에 거했다. 그는 한손에는 성경을 들고 다녔고, 다른 한손에는 누군가의 손을 잡은 듯이 다녔다. 이를 의아하게 여긴 사람들이 물어보면, 그는 "나는 주님과 함께 손을 잡고 가고 있네"라고 대답했다. 이렇듯 그는 '일보일보(一步一步) 하나님과 함께' 걷는 삶을 평생 살아간 사람이었다. 이런 노력이 한국교계에 크고 선한 영향력을 미치게 된 것이다. 구약에서 의인이라고 불리는 노아, 에녹, 아브라함 등은 하나님과 동행하는 자들이었다. 하나님과 동행하려면 자신의 목적, 뜻, 성품이 하나님과 일치해야 하다.

여호수아는 하나님의 임재의 은혜를 얻기 위하여 성결을 유지하려고 노력했다. 요단강을 건너 가나안 땅으로 들어가기 전에 백성들을 성결하게 했다.

"여호수아가 또 백성에게 이르되 너희는 자신을 성결하게 하라 여호와께서 내일 너희 가운데에 기이한 일들을 행하시리라"(수 3:5).

성결의 내용이 정확히 무엇인지 본문에는 나와 있지 않지만 다른 본문을 통해 유추해 보면, 아마도 성적 정결을 지키고 의복을 빠는 일이었을 것이다. 이를 통해 요단강을 건너 들어갈 땅이 하나님 여호와의 거룩한 땅임을 고백하는 것이다. 물론 앞으로 펼쳐질 정복 전쟁에 함께 해 달라는 기원(祈願)도 들어 있었을 것이다. 창일하는 요단강을 마치 마른 땅처럼 건넌 이스라엘은 길갈에 도착하자마자 곧바로 할례를 행했다. 할례는 하나님이 아브라함에게 언약의 징표로 주셔서 자손대대로 하게 하신 것이다. 하지만 이스라엘은 애굽에서 종살이 하는 동안 그 관행을 망각하고 말았다.

이제 이스라엘은 양피를 벰으로써 그들의 수치를 떨쳐버리고 하나님의 백성으로서의 소속과 정체성을 분명히 했다. 하지만 적들이 보는 앞에서 모든 남성의 양피를 베어 고통 받게 하는 것은 전술상 지혜로운 처사가 아니었다. 적 앞에서 스스로 무장을 해제하는 꼴이었기 때문이다. 밧단 아람에서 돌아온 야곱의 딸 디나가 하몰의 아들 세겜에게 강간당했을 때를 기억할 것이다. 세겜이 디나를 연련하여 결혼하자고 했을 때, 야곱의 아들들은 할례를 요구한 후 그들을 진멸시켰다. 이 역사적 사실을 기억하는 사람이 백성 중에 있었다면 여호수아의 요구에 저항했을 것이다. 하지만 여호수아는 전투 준비보다 그들의 '거룩성'에 더 많은 신경을 썼다. 그들의 힘보다는 하나님의 힘을 믿었고, 하나님의 임재가 나타나는 성결을 중시했다. 하나님은 성결한 자와 함께 하신다.

여호수아는 할례 후에 유월절을 준수했다. '여호와의 군대대장'이 나타나 하나님이 함께 하심을 보여 주었다(수 5:14). 이렇게 하여 가나안 땅을 차지하기 위한 거룩한 전쟁이 시작되었다. 여호수아는 인생에서나 전쟁에서나 성결의 원리를 따라 살았다. 여호수아는 정복의 중간기에는 에발 산에 단을 쌓고 하나님을 기리며 축복과 저주를 선포하기도 했다(수 8:30).

아모리 사람과 싸울 때, 여호수아는 하늘을 향하여 외쳤다.

"태양아 너는 기브온 위에 머무르라 달아 너도 아얄론 골짜기에서 그리할지어다"(수 10:12).

그러자 태양이 머물고 달이 멈추어 백성들이 그 대적에게 원수를 갚을 수 있었다.

"여호와께서 사람의 목소리를 들으신 이 같은 날은 전에도 없었고 후에도 없었나니 이는 여호와께서 이스라엘을 위하여 싸우셨음이라"(수 10:14).

하나님이 인간의 말을 들으셨다! 이와 같이 여호수아는 하나님의 임재 안에서 승리할 수 있었다. 영적 지도자는 하나님의 자원을 의지하는 사람이다. 여호수아는 유언할 때, 하나님과 함께 하라는 말씀을 남겼다.

"오직 너희의 하나님 여호와께 가까이 하기를 오늘까지 행한 것 같이 하라"(수 23:8).

그는 하나님과 동행하는 데에 그 인생의 최우선을 둔 사람이었다.

성도의 재난

성도의 재난은 돈을 잃거나 건강을 잃거나 명예를 잃는 것이 아니라 '하나님의 부재'이다. 사울 왕이 폐위되고 버림받았던 이유는 그가 하나님 없이 사역하려 했기 때문이다. 다윗도 왕으로서 절대 권력을 누리고 있을 때, 밧세바의 일로 범죄했다. 많은 사람이 "유전무죄, 무전유죄", 즉 돈이 있으면 형벌이 없고 돈이 없으면 형벌 받게 된다고 항변한다. 다윗의 경우에는 '유권무죄, 무권유죄'가 되었을 것이다. '권력이 있으면 형벌이 없고, 권력이 없으면 형벌을 받는다.' 하지만 다윗은 절대 권력자임에도 불구하고 철저하게 회개했다.

시편 51편은 바로 그 정황 가운데 나온 것이다. 다윗이 제일 두려워한 일은 주님이 자신으로부터 떠나시는 것이었다. 하나님을 떠난 사울 왕이 얼마나 고통 받았는지를 잘 알았기에 그 두려움이 컸던 것이다. 그래서 다윗은 "주의 성신을 내게서 거두지 마소서"라고 기도했다.

모세는 정탐꾼 사건 이후에 하나님이 진노하시는 말씀을 듣고 막무가내로 산지로 올라가려는 사람들을 만류했다.

"여호와께서 너희 중에 계시지 아니하니 올라가지 말라 너희의 대적 앞에서 패할까 하노라"(민 14:42).

아이 성에서의 실패도 하나님의 임재가 떠나면 어떻게 되는가를 분명히 보여 주는 사건이었다. 하나님의 '임재'와 '부재'는 우리 삶에 엄청난 차이를 만들어 낸다. 여호수아와 갈렙이 위대한 인물로 평가받는 것은 하나님 임재를 사모했기 때문이었다.

로렌스 수도사가 우리에게 영향력을 미칠 수 있었던 것은 그의 공식적인 지위 때문이 아니었다. 오히려 그는 부엌에서 지극히 평범한 일을 하던 사람이었다. 하지만 그는 매사에 하나님의 임재 연습을 했고, 이를 통해 지혜와 권능이 나타나게 되었다. 그래서 후에는 수도원 원장으로 추대되기까지 했다. 하나님이 함께 하시면 그 어디나 성소이다. 우리는 지금 우리가 있는 곳을 하나님의 임재가 가득한 성소로 만들어야 한다.

예수님은 승천하시면서 우리에게 귀한 약속을 주셨다. 그것은 세상 끝 날까지 우리와 함께 하시겠다는 약속이다. 그러므로 우리는 그 약속을 의심할 필요가 없다. 다만 문제는 우리의 영적인 눈이 닫혀 주님을 알아보지 못하고 두려워하거나 그분을 의식하지 못하여 합당하지 못한 일을 하는 것이다. 우리는 항상 하나님 임재 의식을 키워야 한다. 그런데 너무 많은 성도들이 하나님이 없는 것처럼 살아가고 있다. 하나님은 우리 삶의 최고의 청중이시다. '코람데오'의 정신으로 살 때에 능력이 나타나고 승리가 보장된다.

18세기 영적 대각성 운동과 20세기 성령의 역사 사이를 잇는 영적 각성 운동이 19세기 독일에서 있었다. 그 운동의 시초는 '블룸하르트'였다. 하지만 블룸하르트가 초기부터 능력 있는 사역을 한 것은 아니었다. 그도 당대의 사역자들처럼 무기력하고 습관적인 목회를 하고 있었다. 능력 없는 사역에 대해 별다른 자극도 도전도 받지 못했다. 하지만 그의 교구인이었던 고틀리빈을 만나면서 변화되기 시작했다. 고틀리빈은 악한 영에 시달리는 사람이었는데, 어느 날 그의 가족들이 블룸하르트를 찾아와 기도를 부탁했다. 하지만 그의 기도는 능력이 없었고, 고틀리빈의 고통과 영적 싸움은 치열해져갔다. 이에 블룸하르트는 참담한 심정으로 하나님께 나아갔다. 아무것도 하지 못하는 자신에게 자괴감이 든 것이다. 블룸하르트는 그 영혼을 사랑하는 마음으로 간절히 기도했다.

"주님, 저를 좀 도와주세요."

그리고 고틀리빈과 가족들에게도 자신을 위한 기도를 요청했다. 그런데 이 짧지만 간절한 기도 후에 고틀리빈은 안정을 찾기 시작했고, 그 이후에 발작이 있을 때마다 블룸하르트는 "주님, 저를 좀 도와주세요"라고 기도하게 되었다. 이러한 경험은 하나님 나라에 대한 새로운 눈을 뜨게 해 주었다. 이미 십자가로 승리하신 예수님을 믿고 그분의 임재를 의식하면서 사역하게 된 것이다. 그는 "예수님이 승리자이시다"라고 선포하는 순간, 하나님의 나라가 임하는 것을 경험했다. 이 후 예수님께서 제자들에게 주셨던 권능과 권세가 그를 통하여 독일 슈바벤 지역에 나타났고, 하나님의 나라를 경험하는 영적 각성 운동이 일어났다. 이처럼 하나님의 임재를 갈망하며 하나님의 임재를 누리는 지도자가 우리는 필요하다.

주님여 이 손을 꼭 잡고 가소서(Lead Me On)

주님여 이 손을 꼭 잡고 가소서
약하고 피곤한 이 몸을
폭풍우 흑암 속 헤치사 빛으로
손잡고 날 인도하소서

인생이 힘들고 고난이 겹칠 때
주님여 날 도와주소서
외치는 이 소리 귀 기울이시사
손잡고 날 인도하소서

(Mary McDonald 곡, 안소망 역)

PART **4**

연단의 리더십

리더는 고난의 광야에서 탄생한다

사무엘상 22:1-2 | ¹그러므로 다윗이 그 곳을 떠나 아둘람 굴로 도망하매 그의 형제와 아버지의 온 집이 듣고 그리로 내려가서 그에게 이르렀고 ²환난 당한 모든 자와 빚진 모든 자와 마음이 원통한 자가 다 그에게로 모였고 그는 그들의 우두머리가 되었는데 그와 함께 한 자가 사백 명 가량이었더라

하나님의 리더십 세우기

세상은 열심히 일하고 바르게 살면 잘될 것이라고 가르친다. 그러나 최근의 여러 가지 상황은 우리를 절망하게 만든다. 2014년 4월에 일어난 세월호 참사로 수백 명의 고등학생들이 희생당했다. 그들은 무능하고 무책임한 어른들의 말만 믿다가 침몰해 가는 배 속에서 억울하게 죽임을 당했다. 그뿐인가! 부모는 나라를 믿고 자녀를 군대에 보내는데 자녀들이 군폭력으로 죽임을 당하고 있다. 이처럼 요즘 우리를 둘러싸고 있는 세상은 온통 불공평하고 절망적이고 혼란스러운 것들뿐이다.

대형 참사의 희생자는 아니라고 해도, 우리는 지금 광야 같은 땅에서 척박한 삶을 살고 있다. 행복을 위해 선택한 결혼이 자신을 더 외롭게 만들기도 하고, 홀로 자녀를 키우면서 아등바등 살아야 하는 상황에 빠지기도 한다. 취직이 되지 않아 애를 태우기도 하고, 하는 일에서 의미와 보람을 찾지 못하기도 한다. 사업이 잘 되지 않아 경제적으로 궁핍하고 나아질 전망도 보이지 않는 불황의 길고 긴 터널을 지나가기도 한다. 퇴직 준비도 되지 않았는데 직장을 잃기도 하고, 노후 자금도 넉넉하지 않아 불안하기도 한다. 건강에 적신호가 켜지고, 믿음생활에도 회의가 들기도 한다. 이처럼 이 땅에서의 우리의 삶은 광야가 따로 없다. 도시에 살고 있는 우리는 '도시 광야'에 사는 격이다.

다윗은 사무엘 선지자에 의해서 왕으로 기름 부음을 받았다. 하지만 그 기름 부음은 은밀한 사적인 행위였다. 이후 다윗이 공적인 무대에 등장한 것은 엘라 골짜기에 블레셋이 침입했을 때였다. 이곳에서 다윗은 골리앗을 죽였는데, 이때가 그의 인생의 클라이맥스였다. 데뷔 무대이자 인생 최대의 업적이었다. 하지만 오히려 이 사건으로 인해 다윗의 인생은 꼬이고 곤두박질쳤다. 쫓기는 도망자 신세가 되었다. 그 과정에서 그가 얻었던 모든 것이 하나둘 사라지기 시작했다. 다윗은 우연히 혹은 한 번의 행운으로 왕이 된 것이 아니었다. 다윗은 장기간에 걸쳐 연단을 받아야 했고, 이 '연단의 리더십'이 그가 이스라엘의 왕좌에 오르기까지 중요한 역할을 하게 되었다.

기름 부음과 연단의 길

다윗이 골리앗을 죽인 후 공식적으로 맡은 첫 번째 일은 나쁜 왕을 섬기는 일이었다. 좋은 것을 보고 배워도 모자랄 판에 그는 아주 나쁜 왕을 가까이에서 섬기게 된 것이다. 사울 왕은 다윗이 점점 승리하고 사람들의 인기가 높아지자 그를 경계하기 시작했다.

"사울은 천천이요, 다윗은 만만이로다"(삼상 18:7).

누구나 다 나의 성공을 기뻐하는 것은 아니다. 그래서 때로는 실력을 숨길 줄도 알아야 한다. 문제의 근원은 다윗이 아니라 사울에게 있었다. 사울은 과대망상증 환자였는데, 과대망상증은 패배감, 열등감, 불안감을 상쇄하기 위해서 나타나는 것이기도 하다. 사울에게 다윗은 눈엣가시와 같은 존재였고, 함께 하늘을 이고 살지 못할 적이었다. 다윗은 국가의 최고 지도자의 미움을 받음으로써 고난으로 빠져들게 되었다. 이런 사정 때문에 다윗은 왕으로 기름 부음 받은 후 11년을 기다려야 했다. 따라서 그가 기름 부음을 받은 날은 왕위가 아니라 '깨어짐의 학교'에 입학하는 날이었다.

다윗은 이 방랑의 기간 동안 많은 시편을 기록했다. 시편이 탄생한 장소는 광야였다. 다윗은 그곳에서 자신의 고달픔, 외로움, 쓸쓸함, 좌절과 절망을 통해 하나님을 신뢰하고 소망하고 찬양하는 법을 배웠다. 다윗이 흘린 눈물과 고통이 광야에서 아름다운 시편으로 승화된 것이다. 다윗의 시편은 광야의 보석이었다. 또한 이 시편은 다윗의 성장기이기도 하다. 시편은 다윗의 미숙하고 부족한 모습에서 점차 하나님을 뜻을 알아가는 원숙하고 성숙한 신앙인으로 변화되는 궤적을 보여 주고 있다. 로마도 하루아침에 이루어지지 않았듯 사람도 하루아침에 만들어지지 않는다. 우리는 광야학교를 단번에 벗어나고 싶지만 결코 벗어날 수 없다. 광야학교를 나가는 유일한 길은 졸업하고 졸업장을 받는 것뿐이다. 거기에는 조기 졸업도 없다. 위대한 구약의 인물들인 욥, 요셉, 모세, 엘리야 역시 그 길을 온전히 걸었을 때 비로소 광야학교에서 벗어날 수 있었다. 환난이 좋은 것은 아니지만 인내하게 되면 단련된 인격을 얻게 된다. 그리고 연단된 성품을 통해 소망이 이루어지게 된다.

"다만 이뿐 아니라 우리가 환난 중에도 즐거워하나니 이는 환난은 인내를, 인내는 연단을, 연단은 소망을 이루는 줄 앎이로다"(롬 5:3-4).

연단(헬라어 도키메, dokime)이라는 말은 '시험함'(proving) '시험을 통하여 입증된 품질'(proved quality)을 의미한다. 사람에게 이 단어를 쓸 때는 '환난을 통해 정립된 고아한 성품'(character) 정도로 사용될 것이다. 사실 기독교인은 믿음으로 중생한 뒤에 연단을 받아 성숙을 이루어 가야 한다.

"망령되고 허탄한 신화를 버리고 경건에 이르도록 네 자신을 연단하라"(딤전 4:7).

"무릇 징계가 당시에는 즐거워 보이지 않고 슬퍼 보이나 후에 그로 말미암아 연단 받은 자들은 의와 평강의 열매를 맺느니라"(히 12:11).
"사랑하는 자들아 너희를 연단하려고 오는 불 시험을 이상한 일 당하는 것 같이 이상히 여기지 말고"(벧전 4:12).
"너희가 여러 가지 시험을 당하거든 온전히 기쁘게 여기라 이는 너희 믿음의 시련이 인내를 만들어 내는 줄 너희가 앎이라 인내를 온전히 이루라 이는 너희로 온전하고 구비하여 조금도 부족함이 없게 하려 함이라"(약 1:2-4).

연단에는 목적이 있다. "하나님이여 주께서 우리를 시험하시되 우리를 단련하시기를 은을 단련함 같이 하셨으며"(시 66:10)라는 말씀과 "그러나 내가 가는 길을 그가 아시나니 그가 나를 단련하신 후에는 내가 순금같이 되어 나오리라"(욥 23:10)는 말씀을 통해 볼 때, 연단은 연단 받는 자를 마치 은과 금으로 만드는 효과를 갖고 있다. 하나님은 그분의 영광을 위해서 위대하게 쓰일 그릇을 만드시는 것이다.

열다섯 개의 광야 이야기

다윗은 왕궁에서 도망친 뒤, 광야에서 수년을 보냈다. 물론 광야는 다윗의 선택이 아니라 살기 위한 어쩔 수 없는 길이었다. 하나님께서 그의 둥지를 흔드셔서 광야로 들어가게끔 하신 것이다. 다윗이 왕으로 기름 부음 받은 것과 광야생활은 전혀 어울리지 않는 것 같지만 상관이 있다! 사무엘상 21장부터 30장까지는 15개의 다윗의 광야 이야기가 적혀 있다.

- 놉에서 제사장 아히멜렉의 도움을 받았다.
- 가드에서는 미친 척을 하여 아기스 왕으로부터 간신히 목숨을 건졌다.
- 아둘람 굴에 들어가자 가족들과 부랑자 400명이 찾아왔다.
- 모압 미스베로 가서 부모님을 모압 왕에게 의탁했다.
- 도엑으로 인해 놉에서 대학살이 벌어져 아히멜렉 가문이 진멸 당했고, 선지자 갓과 제사장 아비아달이 다윗에게 나아왔다.
- 그일라가 블레셋의 침략을 받자 다윗이 군사적으로 개입하여 보호했다. 그러나 그일라 주민이 배반할 것을 알고 퇴각했다.
- 호레쉬에서 왕자 요나단과 마지막으로 만나 석별의 정을 나누었다. 하나님을 더욱 의지하자는 결의를 했다.
- 엔게디 동굴에서 사울을 죽이지 않고 살려줌으로써 다윗이 우위에 있음을 입증했다.
- 사무엘의 죽음으로 다윗의 후견인이 사라졌고 다윗은 여전히 광야 가운데 고난 받았다.
- 마온 광야에서 나발과 아비가일을 만났다. 사울을 닮은 나발 때문에 다윗은 하마터면 보복할 뻔했다. 다윗으로 하여금 진리를 깨닫고 더욱 성숙의 길로 가게 했던 사람은 지혜로운 아비

가일이었다.
- 십 광야에서 자신을 추격하는 사울 왕을 다시 한 번 살려 준다. 이를 통해 다윗은 온유함이 무력이 아니라 통제된 힘이라는 것을 증명했다.
- 가드로 다시 가서 아기스의 봉신이 되었다. 그렇게 16개월간 망명생활을 했다.
- 블레셋과 이스라엘 간에 전쟁이 벌어지자 다윗은 동족을 상대로 전선에 섰다가 퇴각했다.
- 시글락을 약탈하여 사로잡아간 아말렉을 추격하던 중 버려진 애굽 출신 시종을 극진히 돌보아 주었다.
- 아말렉을 공략하고 그 전리품을 브솔 시내에 머무르며 재물을 지키고 있던 사람들에게도 나누어 주었다.

이 광야 기간 동안 사울은 하나님의 섭리에서 점점 멀어지는 반면, 다윗은 하나님의 섭리에 더 가까이 나아갔다. 광야의 세월은 어렵고 고통스러운 것이었지만, 한편으로는 살아 계신 하나님을 경험하는 시간이었다. 광야는 다음 세 가지 효과를 통해 우리를 성숙시킨다.

① 하나님이 우리에게 얼마나 필요한 분이신지 깨닫게 해 준다.
② 하나님이 우리 삶의 중심에 들어오신다.
③ 우리를 그리스도의 형상으로 변화시키신다.

성경에는 '세 개의 위대한 광야 이야기'가 나온다. 모세, 다윗, 예수님이 그 주인공이다. 모세는 민족을 구원하려는 열정으로 애굽인 노동 감독관을 살해한 뒤에 광야로 쫓겨 갔다. 그리고 그곳에서 연단 받고 낮아지고 또한 하나님을 체험했다. 다윗은 광야 생활을 통해 왕이 되어 갔다. 예수님은 마귀의 유혹을 물리치시고 십자가의 길을 걸어가실 준비를 하셨다. 다윗의 광야 이야기는 모세의 시내 광야 이야기 40년과 예수님의 유대 광야 40일 사이에 있는데, 모든 광야의 공통점은 시험, 유혹, 시련, 연단의 장소라는 점이다.

광야의 체험이 있었기에 다윗은 실패한 왕이 되지 않고 승리한 왕, 만대에 신앙의 표준으로 제시되는 왕이 될 수 있었다. 진 에드워드의 「세 왕 이야기」에는 사울 왕, 다윗 왕, 압살롬 왕자의 이야기가 나오는데, 저자는 연단이 없었다면 다윗도 사울이나 압살롬의 전철을 밟았을 수 있었음을 지적하고 있다. 사실 원죄를 품고 태어난 모든 사람의 마음속에는 사울도 있고 압살롬도 있게 마련이다.

> "내가 죄악 중에서 출생하였음이여 어머니가 죄 중에서 나를 잉태하였나이다"(시 51:5).

사울은 분노하고, 미워하고, 시기하고, 창을 던지고, 억울하게 하고, 자신의 가정도 인생마저도 파탄을 냈다. 그러나 광야생활을 통해 다윗은 인내하는 법, 용서하는 법, 기다리는 법, 힘을 남용하지 않는 법을 배웠다! 압살롬은 야망을 품고, 인기를 탐하고, 반역을 도모하고, 도둑질하고, 분열시키고, 선동질 했다. 그러나 광야생활을 통해 다윗은 야망 대신 하나님의 거룩한 뜻을 품고, 인기에 구애 받지 않으며, 반역 대신 충성을, 도둑질 대신 베풂을, 분열 대신 통합을, 선동질 대신 화평을 이루는 성품을 갖게 되었다. 다윗은 젊어서도 사울을 만났고, 늙어서도 사울을 만났다. 늙어서 만난 사울은 다름 아닌 압살롬이었다. 그러나 다윗은 젊었을 때 사울에게 압살롬처럼 하지 않았고, 늙었을 때 압살롬에게 사울처럼 하지 않았다.

"다윗은 미치광이 같은 사울 왕의 추적을 받으면서 깨어졌습니다. 반역의 사람, 사랑했던 아들 압살롬을 통해 더욱 깊이 깨어졌습니다. 그는 어두운 굴 속에서 고통을 친구로 삼는 것을 배웠습니다. 다윗은 깨어짐의 학교에서 원수에게 저항하지 않는 것을 배웠습니다. 말하는 것보다 침묵하는 것을 배웠습니다. 보복하지 않는 온유함을 배웠습니다. 다윗은 깨달음의 학교에서 하나님의 때를 기다리는 것을 배웠습니다. 이기는 것보다 지는 것을 배웠습니다. 붙잡는 것보다 주는 것을 배웠습니다. 권위를 주장하기보다는 섬기는 것을 배웠습니다. 외적인 능력보다 내적인 성장을 추구하는 것을 배웠습니다. 내면의 풍성한 생명을 추구하는 원리를 터득했습니다."(「세 왕 이야기」 강준민 목사 추천사)

아둘람 굴에 들어가는 다윗

다윗이 아둘람 굴에 들어가게 된 배경은 블레셋에서 큰 두려움을 느꼈기 때문이다. 다윗이 사울이 보낸 자객의 추격을 피하여 도피한 곳은 블레셋의 가드였는데, 그곳은 그가 이전에 죽였던 골리앗의 고향이었다. 도망을 쳐도 어찌 이런 곳으로 도망을 갔을까? 아마도 사울에게 쫓기는 두려움 때문에 이성이 마비되었던 모양이다. 곰을 피하려다가 호랑이 굴에 들어가게 된 격이었다. 이 와중에 다윗은 기지를 발휘하여 미친 체했다. 간신히 목숨을 건진 다윗은 아둘람으로 도망을 갔다. 아둘람은 석회암 지대라 천연 동굴이 많아서 숨기에 적당했다. 하지만 빛이 있으면 어둠도 있는 법, 그곳은 물과 양식이 없는 광야였다. 그런데 놀랍게도 다윗이 아둘람 굴에 숨었다는 소문을 어떻게 들었는지 형제와 아버지 집안사람들이 그를 찾아왔다. 제 코가 석 자인데 집안사람들까지 찾아왔다. 그뿐만이 아니다. 사울 치하에서 환난 당하고 빚진 자들, 마음이 원통한 자들까지 그에게 나아왔다. 그들은 사회 부적응자, 상처 받은 자, 가난한 자, 난민으로서 인생의 막장에 봉착한 사람들이었다. 다윗은 혼자 살기도 힘든 곳에서 이렇게 400여 명을 품어야 했다.

광야는 하나님이 나를 만나주시는 장소이다. 뿐만 아니라 어려운 사람들을 만나는 곳이기도 하다. 이런 광야는 사람을 시인으로 만든다. 시편 142편의 표제를 보면 다윗이 아둘람 굴에 있을 때에 지은 시라고 되어 있다. 다윗의 절박함과 함께 구원에 대한 애절한 호소가 담겨 있다.

"내가 소리 내어 여호와께 부르짖으며 소리 내어 여호와께 간구하는도다 내가 내 원통함을 그의 앞에 토로하며 내 우환을 그의 앞에 진술하는도다 내 영이 내 속에서 상할 때에도 주께서 내 길을 아셨나이다 내가 가는 길에 그들이 나를 잡으려고 올무를 숨겼나이다 오른쪽을 살펴보소서 나를 아는 이도 없고 나의 피난처도 없고 내 영혼을 돌보는 이도 없나이다 여호와여 내가 주께 부르짖어 말하기를 주는 나의 피난처시요 살아 있는 사람들의 땅에서 나의 분깃이시라 하였나이다 나의 부르짖음을 들으소서 나는 심히 비천하니이다 나를 핍박하는 자들에게서 나를 건지소서 그들은 나보다 강하니이다 내 영혼을 옥에서 이끌어 내사 주의 이름을 감사하게 하소서 주께서 나에게 갚아 주시리니 의인들이 나를 두르리이다."

다윗은 자신이 지은 시편 전체에서 '피난처'라는 말을 37번 사용하고 있다. 다윗은 광야 체험을 통해 하나님이 어떻게 인생의 피난처가 되시는 지를 경험했던 것이다. 피난처는 도망가서 숨는 장소가 아니라 우리의 피난처가 바로 하나님이시라는 고백을 하는 장소이다.

이 세상에서 제일 '안전한 주소'가 있는데 바로 '주 안'(in Christ)이다. 주님 안에 있을 때에 비로소 우리는 안전한 피난처, 최고의 피난처를 찾은 것이다.

사울은 하나님의 영광을 위한 직분을 개인의 영달을 위한 도구로 전락시킨 반면, 다윗은 개인의 곤경을 하나님의 영광을 위한 훈련으로 삼았다. 상처는 상처 입은 치유자에 의해 치유된다. 다윗의 상처가 그들을 치료했고, 그들의 상처가 다윗의 상처를 치유했다. 아둘람에서 상호간에 동병상련을 느꼈고, 결국은 치유 공동체를 이루게 된 것이다. 아둘람 굴은 치유의 공동체를 넘어 사명의 공동체, 신앙 공동체가 되었다. 비록 굴 속에서였지만 다윗은 새 시대를 향한 결단을 확고하게 했다.

"하나님이여 내 마음이 확정되었고 내 마음이 확정되었사오니 내가 노래하고 내가 찬송하리이다 내 영광아 깰지어다 비파야, 수금아, 깰지어다 내가 새벽을 깨우리로다"(시 57:7-8).

그런 점에서 다윗의 상처는 별이 되었다("Scar becomes a star"). 이 모든 것은 광야 생활에서 얻어진 것이다.

광야학교 졸업

다윗의 광야생활은 언제 어떻게 끝난 것일까? 그것은 다윗이 사울 왕을 죽여서 끝난 것이 아니라, 하나님께서 끝을 내셔야 했다. 다윗이 왕위에 오르는 것이 찬탈이 아니라 정당한 승계가 되기 위해서는 반드시 하나님께서 그 일을 이루셔야 했다. 아마도 다윗의 목표는 왕이 되는 것이 아니었을 것이다. 그랬다면 수단과 방법을 가리지 않았을 것이다. 다윗의 목표는 하나님의 사람이 되는 것이었다. 하나님의 사람으로 빚어져 가는 과정 속에서 그는 모든 것을 하나님께 의탁할 수 있었고 기다릴 수 있었다. 물론 그 과정에서 왕으로서의 자질을 갖추어 가고 있었다. 그리고 하나님의 때에 하나님의 방법으로 왕이 되었다.

다윗은 기름 부음을 받은 지(삼상 16:13) 11년이 지난 후에야 왕위에 오를 수 있었다. 사울이 블레셋과의 전투에 나가 길보아 산에서 전사했기 때문이다. 민족의 등불을 잃은 유다 지파는 회의를 열어 도망자 신세였던 다윗을 왕으로 추대하기로 결의하고 그를 찾아왔다. 그들의 판단에 이스라엘의 왕이 될 인물은 다윗밖에 없었기 때문이다. 그동안 다윗이 보여 준 행실을 통해 볼 때, 그는 민족을 위기에서 구하고 내적인 질서와 평화를 이룰 적임자였다.

하나님의 방법과 우리의 방법은 다르다. 하나님의 시간과 우리의 시간도 다르다. 하나님은 다윗에게 기름을 부으실 때, 어떤 과정을 거쳐 왕이 될 것이라 말씀하지 않으셨다. 다윗 자신도 이런 광야가 기다리고 있을 것이라곤 상상도 못했을 것이다. 11년 동안, 다윗은 온갖 장소로 피난을 다녀야 했다. 때로 우리는 조급해질 때가 있다. 내가 기대하는 응답이 즉시 오기를 고대하기 때문이다. 하지만 하나님은 우리의 때와 방법이 아니라 하나님의 방법과 때에 일을 성취하신다. 다윗을 연단하신 그 모든 시간이 지나고 다윗은 이스라엘의 목자, 왕이 되었다.

> "하나님은 우리가 겸손히 그분만을 의지할 수 있도록 때로는 기도 응답을 늦추기도 하신다. 우리는 하나님만이 알고 계시는 가장 적절한 때를 기다릴 줄 알아야 한다. 인도 선교사 윌리엄 캐리는 인도로 간 지 7년 만에 최초로 개종자에게 세례를 주었고 헨리 리차즈 역시 콩고에 간 지 7년 후에야 첫 개종자를 보게 되었다." (『기도의 신학』, 도널드 블로쉬)

하나님의 마음에 합한 자, 다윗의 탄생

다윗은 구약에 약 800번, 신약에 60번 나오는 인물이다. 시편의 기도까지 합하면 성경에 기록된 인물 가운데 다윗의 이야기가 가장 길다고 볼 수 있다. 다윗의 외적인 행적만이 아니라 다윗의 내면에 대한 기록(기도)도 많다. 중심을 보시는 하나님은 다윗을 "하나님 마음에 합한 사람"(삼상 13:14 ; 행 13:22)이라고 평가하셨다. 인류의 구원자 메시아 예수님을 '다윗의 자손'이라고 불렀다. 유대인들은 다윗을 최고의 인물로 여겨 국기에도 '다윗의 별'을 그려 넣었다. 무엇이 목동 다윗을 이렇게 위대한 인물로 만든 것인가? 바로 광야였다!

오스왈드 챔버스는 "하나님은 좌절을 통해 우리를 연단하신다. 승승장구하던 삶이 실망의 장벽에 부딪쳐 산산조각 나면, 비로소 우리는 좌절 속에 일하시는 하나님의 섭리를 깨닫는다. 하나님은 자신의 보물을 어둠 속에 숨겨 두신다. 아무리 찬란한 별도 밤이 되기 전에는 보이지 않는다. 당신은 인생의 어느 시점에서 하나님의 보물을 보게 될 것이다. 그 아름다움과 찬란함을 보면서 하나님의 능력이 어디에서 나오는지 궁금해질 것이다. 그 능력은 어두운 곳, 즉 예기치 않은 일들 속에서 하나님의 위대한 뜻이 드러나는 바로 그곳에서 나온다."(『광야를 지나는 법』, 도널드 맥컬로우, 30쪽 재인용)라고 했다. 시몬 베유(Simone Weil)는 "기독교의 위대함을 단적으로 보여 주는 점은 초자연적인 방법으로 고통을 없애는 게 아니라 초자연적으로 고통을 사용한다는 점이다"라고 했다.

석탄 한 조각, 물론 쓸모는 있겠지만 그렇다고 대단한 가치를 지닌 것은 아니다. 한동안 불타오르다가 결국은 한 줌의 재가 될 것이다. 아름다움도 없고 오래가지도 못한다. 어느 신부가 석탄 조각으로 된 결혼 반지를 받고 좋아하겠는가? 그러나 석탄이 수백 년간 고도의 열기를 견디면 성분에 변화가 일어나게 된다. 그래서 이 세상에서 가장 견고하고 값진 다이아몬드라는 보석이 된다. 가공할 압력과 열이 석탄을 다이아몬드로 만든 것이다.

이와 마찬가지로 인생의 문제와 극한 고난이 사람을 명품인생으로 만든다. '최악의 집주인이 최고의 집주인'이라는 말이 있다. 집주인이 세입자를 최악으로 괴롭히면 세입자는 어떻게든 "오냐! 내가 까

무러치는 한이 있어도 내 집을 마련하고야 만다!"는 각오를 하게 되고 결국 일찍 집을 마련한다는 것이다. 파울로 코엘료는 「흐르는 강물처럼」에서 "연필은 쓰던 걸 멈추고 몸을 깎아야 할 때도 있어. 당장은 좀 아파도 심을 더 예리하게 쓸 수 있지. 너도 그렇게 고통과 슬픔을 견뎌내는 법을 배워야 해. 그래야 더 나은 사람이 될 수 있는 거야"라고 말했다. 조각가는 걸작을 만들기 위해 돌을 깨뜨리고 자르고 연단해야 하다. 돌의 입장에서는 많이 아프고 괴롭겠지만 그 과정을 거쳐야 예술작품이 나올 수 있다. 하나님은 바로 우리 인생의 조각가이시다. 연단의 목적은 우리가 열매를 맺게 하기 위함이다. 온유하고, 절제하고, 사랑하고, 감사하고, 포용하는 아름다운 성품을 빚고 복을 받게 하려는 것이다. 하나님께 영광 돌리는 삶을 살게 하려는 뜻이다. 하나님께 붙들린 바 되어 그분의 사역을 온전히 감당하는 종이 되게 하고자 함이다.

제네바의 피에르 렌치니크 박사는 〈의학과 위생학〉지에 "고아가 세계를 주도한다"는 논문을 발표한 적이 있다. 세계 역사에 지대한 영향을 준 정치가들의 생애를 연구하면서 그들이 고아였다는 공통점에 주목했던 것이다. 알렉산더 대왕, 줄리어스 시저, 찰스 5세, 루이 14세, 조지 워싱턴, 나폴레옹, 빅토리아 여왕, 골다 메이어 총리 등 세계적인 지도자 중 300여 명이 고아이거나 사생아였다고 한다.

나만 겪는 고난이요 광야생활이라고 생각하지 마라. 광야는 누구에게나 있다. 중요한 것은 광야를 지나면서 하나님의 뜻 안에서 내가 조형되고 조각되는 것이다. 해롤드 쿠시너가 쓴 책에 이런 이야기가 있다. 외동아들을 잃은 어머니가 성자를 찾아가서 아들을 살리기 위해 어떤 마법의 부적을 요구했다. 성자는 "한 번도 슬픈 일을 당해 보지 않은 집에 가서 겨자씨 한 알을 얻어 오시오. 그 씨앗이 당신의 슬픔을 없애줄 것이오"라고 말했다. 어머니가 제일 먼저 찾아간 집은 웅장한 대저택의 부잣집이었다.

"저는 한 번도 슬픈 일을 당해 보지 않은 집을 찾고 있어요. 여기가 그런 집이지요? 제발 저에게 겨자씨 한 알을 주세요. 저에게는 중요한 일이에요."

그러자 그 집 사람은 집을 잘못 찾아왔다고 하면서 최근에 당한 가슴 아픈 일을 들려주었다. 그러자 여인도 자신의 가슴 아픈 사연을 이야기하면서 그를 위로해 주었다. 어머니는 다시 슬픔을 당하지 않은 집을 찾아 나섰는데, 초가집이든 궁궐이든 슬픔을 당하지 않은 집은 한 곳도 없었다. 가는 곳마다 사람을 위로해 주던 여인은 어느새 마법의 겨자씨는 까맣게 잊어버렸고, 자신의 슬픔마저 잊어버렸다고 한다.

슬픔을 벗어나기 위해서 애쓰기보다는 도리어 그 고난을 통해 자신의 변화를 추구하라. 우리를 쓰러뜨리지 못하는 시련은 결국 우리를 위대한 지도자로 세워줄 것이다. 다윗처럼 연단의 리더십을 발휘하게 해 줄 것이다.

PART 5

존중의 리더십

팔로워를 존중히 여기는 리더는 모두의 신뢰를 얻는다

룻기 2:8-13 ^{8}보아스가 룻에게 이르되 내 딸아 들으라 이삭을 주우러 다른 밭으로 가지 말며 여기서 떠나지 말고 나의 소녀들과 함께 있으라 ^{9} 그들이 베는 밭을 보고 그들을 따르라 내가 그 소년들에게 명령하여 너를 건드리지 말라 하였느니라 목이 마르거든 그릇에 가서 소년들이 길어 온 것을 마실지니라 하는지라 ^{10}룻이 엎드려 얼굴을 땅에 대고 절하며 그에게 이르되 나는 이방 여인이거늘 당신이 어찌하여 내게 은혜를 베푸시며 나를 돌보시나이까 하니 ^{11}보아스가 그에게 대답하여 이르되 네 남편이 죽은 후로 네가 시어머니에게 행한 모든 것과 네 부모와 고국을 떠나 전에 알지 못하던 백성에게로 온 일이 내게 분명히 알려졌느니라 ^{12}여호와께서 네가 행한 일에 보답하시기를 원하며 이스라엘의 하나님 여호와께서 그의 날개 아래에 보호를 받으러 온 네게 온전한 상 주시기를 원하노라 하는지라 ^{13}룻이 이르되 내 주여 내가 당신께 은혜 입기를 원하나이다 나는 당신의 하녀 중의 하나와도 같지 못하오나 당신이 이 하녀를 위로하시고 마음을 기쁘게 하는 말씀을 하셨나이다 하니라

하 나 님 의   세 우 기

유대인들의 성경 분류에 따르면 룻기는 아가, 전도서, 예레미야애가, 에스더와 함께 성문서(거룩한 문서)에 속한다. 하지만 구약성경에 대한 칠십인 역본(LXX)부터는 룻기를 사사기 뒤에 배치하여 오늘까지 이르고 있다. 아마도 1장 1절에 나오는 시간 표시 때문인 것으로 보인다.

"사사들이 치리하던 때에."

일반적으로 사사시대란 혼란스럽던 시대를 말한다. 그때는 왕이 없어 사람들이 자기 소견에 옳은 대로 행했다. 그래서 온갖 비리와 부정과 무질서가 난무하던 시대였다. 내외적으로 많은 환난이 있었던 흑암의 시대였다. 룻기는 이런 혼란한 시대를 배경으로 삼고 있지만 아름답고 목가적인 이야기이다. 세상에는 막장 드라마가 많지만 이렇게 가슴이 따뜻해지는 이야기는 드물다. 절망의 시대에 나오미, 룻, 보아스, 이 세 사람을 통해 전개되는 아름다운 이야기는 새로운 시대를 알리고 있다.

존중과 배려의 이야기

이 이야기가 아름답게 느껴지는 이유는 등장인물 상호 간에 주고받는 존중과 배려 때문이다. 흉년이 들어 남편 엘리멜렉과 함께 베들레헴을 떠났던 나오미는 모압 땅에서 두 명의 이방 며느리를 얻었다. 하지만 모압 체류 10년 동안에 남편과 두 아들을 모두 잃고 말았다. 이후 여호와께서 유대 민족을 돌보셨다는 소문을 듣고 귀향을 결심하면서 나오미는 과부가 된 두 며느리들을 향해 모압 땅, 부모 곁으로 돌아가라고 했다. 환난 가운데서도 며느리들을 먼저 생각한 것이었다. 한국 사회 같았으면 "며느리 잘못 들여 집안이 망했다"라고 비난했을지도 모르겠다. 하지만 나오미는 전혀 그렇게 대우하지 않았다. 나오미는 청상과부가 된 두 며느리의 안위가 걱정이 되었다. 그래서 며느리들을 "내 딸아"라고 친근하게 부르면서 그들에게 고향으로 돌아가 새로운 둥지 속에서 위로를 받으라고 했다. 이에 오르바는 시어머니에게 입을 맞추고 돌아갔지만, 룻은 끝까지 돌아가지 않았다. 룻은 나오미를 어머니라고 부르면서 자신의 굳은 결심을 맹세의 형식으로 드러내고 있다.

"내게 어머니를 떠나며 어머니를 따르지 말고 돌아가라 강권하지 마옵소서 어머니께서 가시는 곳에 나도 가고 어머니께서 머무시는 곳에서 나도 머물겠나이다 어머니의 백성이 나의 백성이 되고 어머니의 하나님이 나의 하나님이 되시리니"(룻 1:16).

왜 룻은 시어머니를 뒤따르고자 했을까? 아무 소망도 없는 가문으로, 유대 땅에 들어간다는 것이 뭘 의미하는지를 몰랐을까? 아니면 그동안 시어머니와 함께 살면서 정이 많이 쌓여 헤어질 수 없었던 것일까? 엘리멜렉 가문에서 전수받은 신앙 때문이었을까? 여하튼 룻은 시어머니를 생각하여 떠나려 하지 않았다. 나오미와 룻이 서로를 배려하는 모습이다.

룻기 2장 앞부분에 베들레헴의 유력자 보아스가 등장하고 있다. 그는 추수철이 되어 자신의 밭으로 나와 품꾼들과 대화를 나누었다. 그 내용은 우리에게 따뜻함을 느끼게 해 준다. 서로 축복해 주는 광경이다.

"마침 보아스가 베들레헴에서부터 와서 베는 자들에게 이르되 여호와께서 너희와 함께 하시기를 원하노라 하니 그들이 대답하되 여호와께서 당신에게 복 주시기를 원하나이다 하니라"(룻 2:4).

이곳에서 보아스와 룻의 첫 만남이 이루어졌다. 룻은 아침 일찍 나와서 사환에게 자신의 사정을 말하고 이삭 줍는 것을 허락 받았을 것이다. 한 여인이 자신의 밭에서 이삭 줍는 것을 본 보아스는 사환에게 룻에 대해 물었고 사환은 그녀에 대해 자세히 말했을 것이다. 사실 보아스는 나오미가 베들레헴에 귀향했을 때 소문을 통해 그녀의 사정을 알고 있었다. 그래서 그는 룻을 선대해 주었다. 보아스는 룻을 "내 딸"이라고 불렀다. 그리고 그녀에게 많은 호의를 베풀어 주었다. 다른 밭으로 가지 말고 자신의 밭에서만 이삭을 줍게 했고, 이삭을 베는 소년들에게 룻을 건드리지 못하게 했으며, 일꾼이 마시는 물도 마시게 했다. 점심을 먹을 때는 일꾼처럼 식탁에 초대했을 뿐만 아니라 볶은 곡식을 풍성하게 주어 먹게 했다. 점심 이후에는 일꾼들에게 이삭을 일부러 떨어뜨려 룻이 더 많이 주울 수 있도록 은밀하게 조치해 놓았다. 따뜻한 호의와 배려이다.

> "식사할 때에 보아스가 룻에게 이르되 이리로 와서 떡을 먹으며 네 떡 조각을 초에 찍으라 하므로 룻이 곡식 베는 자 곁에 앉으니 그가 볶은 곡식을 주매 룻이 배불리 먹고 남았더라 룻이 이삭을 주우러 일어날 때에 보아스가 자기 소년들에게 명령하여 이르되 그에게 곡식 단 사이에서 줍게 하고 책망하지 말며 또 그를 위하여 곡식 다발에서 조금씩 뽑아 버려서 그에게 줍게 하고 꾸짖지 말라 하니라"(룻 2:14-16).

보아스는 추수한 곡식을 룻에게 줄 수도 있었다. 하지만 그렇게 해서 룻의 자존심을 상하게 하거나 부끄럽게 만들지 않았다. 이삭 줍기는 노동이지 구걸이 아니었다. 아무것도 안 했는데 그냥 양식을 퍼 준 것이 아니었다. 이삭을 주울 수 있게 일할 기회를 주었다. 그리고 룻이 모르게 도와주었다. 여기에는 룻에 대한 존중이 담겨 있다. 도움을 줄 때는 이것이 매우 중요하다. 우리는 상대방의 마음을 다치지 않게 주의하면서 도움을 주어야 한다. 여기서 보아스는 룻의 자존심까지도 배려해 주고 있다.

룻이 받은 복은 보아스의 이런 배려와 존중이 큰 역할을 했다. 룻은 흉년으로 유다에서 모압에 이주해 온 유다 지파 기룐과 결혼하여 청상과부가 되었지만, 시어머니 나오미를 따라 베들레헴으로 와서는 '모압 소녀'(2:6)가 되었다. 룻이 소녀 과부에서 '이방 여인'(2:10), '하녀'(2:13), '여종'(3:9)을 거쳐 마침내 '현숙한 여자'(3:11)가 되기까지 우리는 곳곳에서 보아스의 배려와 존중을 찾아볼 수 있다. 결국 룻은 보아스의 아내가 되어 그 추수 밭의 여주인이 되었고, 다윗의 조부인 '오벳'을 낳게 되었다.

물론 보아스의 이런 존중과 배려를 받는 룻 역시 홀로 남은 나오미를 존중했고, 그녀에게 헌신과 사랑을 보여 주었다. 그것이 하나님을 감동시켰고, 나오미와 보아스, 마을 사람들을 감동시켰다. 보아스는 룻에게 호의를 베푸는 이유를 다음과 같이 설명했다.

"네 남편이 죽은 후로 네가 시어머니에게 행한 모든 것과 네 부모와 고국을 떠나 전에 알지 못하던 백성에게로 온 일이 내게 분명히 알려졌느니라 여호와께서 네가 행한 일에 보답하시기를 원하며 이스라엘의 하나님 여호와께서 그의 날개 아래에 보호를 받으러 온 네게 온전한 상주시기를 원하노라"(룻 2:11-12).

보아스는 이미 자신이 룻에게 은혜를 베풀고 있음에도 불구하고 룻에게 복을 주실 분, 온전한 상을 주실 분은 하나님이라고 인정하고 있다. 즉, 자신은 하나님의 뜻을 따라 그분의 손을 통해 룻에게 은혜를 베풀고 있다는 것이다. 자신의 불완전한 상을 넘어 여호와께서 베푸시는 온전한 상을 받을 것이라는 축복까지 하고 있는 것이다. 하나님은 보아스를 통해 룻에게 도움, 배려, 보호, 위로, 격려, 인정을 베풀고 계신다.

"내 주여 내가 당신께 은혜 입기를 원하나이다 나는 당신의 하녀 중의 하나와도 같지 못하오나 당신이 이 하녀를 위로하시고 마음을 기쁘게 하는 말씀을 하셨나이다"(룻 2:13).

룻은 보아스를 "주"라고 부르면서 그의 말과 행동에서 위로와 기쁨을 얻었다고 고백했다. 룻은 낯설고 물 설은 이방 땅에서 자신을 돕는 손길을 만나 무척이나 기쁘고 감사했을 것이다.

시어머니 나오미도 전도양양(前途洋洋)한 룻의 안위를 위하여 배려하는 모습을 보인다. 첫날 룻은 한 에바의 보리를 주워 집으로 돌아왔다. 하루 종일 자신을 학수고대하던 시어머니에게 점심 때 먹고 남은 음식과 함께 이삭을 보여 주었다. 한 에바는 적지 않은 분량이었다. 나오미는 보아스를 만난 이야기를 듣고 모종의 통찰력을 얻게 된 것 같다. 그래서 룻에게 다른 밭으로 가지 말고 다른 사람을 만나지도 말고 오직 보아스의 밭에서만 이삭을 주우라고 했다. 추수가 다 끝나자 나오미는 큰 결심을 했다. 며느리 룻을 보아스와 재혼시키려는 계획이었다.

"내 딸아 내가 너를 위하여 안식할 곳을 구하여 너를 복되게 하여야 하지 않겠느냐"(룻 3:1).

룻의 운명을 바꾸기 위해 나오미가 적극적으로 나섰다. 당시 유대 사회에는 친족의 기업을 무르는 전통이 있었다. 하지만 유야무야 된 지 오래된 전통이었을 것이다. 나오미는 밤에 룻을 보아스에게 보내 이를 성취하려 했다. 이것은 나오미와 룻의 명예를 건 모험이었다. 만약 보아스가 나오미와 룻을 오해한다면 큰 사단이 나는 일이었다. 하지만 보아스는 그녀들의 행동이 무슨 의미를 지니고 있는지 간파했다. 나오미는 며느리 룻에게 안식처를 마련해 주고자 했고, 룻은 시어머니 나오미에게 기업을 물려 주고자 한 것이다. 서로를 생각하면서 자신을 희생하는 모습이다. 보아스는 그날 밤에 룻에게 이렇게 말했다.

"내 딸아 여호와께서 네게 복 주시기를 원하노라 네가 가난하건 부하건 젊은 자를 따르지 아니하였으니 네가 베푼 인애가 처음보다 나중이 더하도다"(룻 3:10).

보아스는 룻이 현숙한 여인임을 잘 알고 있었다. 그래서 여러 가지 문제를 푼 후에 룻과 결혼하게 된 것이다. 룻은 보아스를 통해 하나님의 돌보심과 보호하심을 경험했다. 타작마당에서 룻은 보아스에게 이렇게 요청했다.

"당신의 옷자락을 펴 당신의 여종을 덮으소서"(룻 3:9).

여기 나오는 "옷자락"이라는 단어는 첫 만남에서 보아스가 룻에게 해 준 말 "이스라엘의 하나님 여호와께서 그의 날개 아래에 보호를 받으러 온 네게 온전한 상주시기를 원하노라"(2:12)는 말 중 "날개"라는 말과 같은 단어이다. 이렇게 하나님의 날개와 보아스의 옷자락은 서로 상관관계가 있다. 보아스는 자신의 입으로 룻을 축복했는데, 이제 자신이 그 축복의 도구가 된 것이다. 하나님은 유력한 자요, 덕망 있는 자 보아스를 통해 룻을 보호하고 공급하셨다.

축복은 하나님의 이름으로 존중해 주는 것이다. 룻기에는 유난히 복을 비는 말이 많이 나온다. 보아스는 일꾼을, 일꾼은 보아스를, 룻은 보아스를, 보아스는 룻을, 나오미는 보아스를, 장로들은 보아스를, 여인들은 나오미를… 나오미는 보아스를 이렇게 축복했다.

"너를 돌본 자에게 복이 있기를 원하노라"(룻 2:19).
"그가 여호와로부터 복 받기를 원하노라"(룻 2:20).
"그가 살아 있는 자와 죽은 자에게 은혜 베풀기를 그치지 아니하도다"(룻 2:20).

축복은 상대를 존중함에서 비롯되는 행동이다. 축복은 하나님 앞에서 상대를 높여 주는 것이다. 우리는 어려울 때일수록 서로에게 복을 많이 빌어 주어야 한다. 부모는 자녀를, 아내는 남편을, 자녀는 부모를, 성도는 성도를 축복해야 한다. 어려울 때 비난하는 말, 원망하는 말, 책망하는 말은 문제의 해결책이 되지 못한다. 축복의 말이 좋은 것은 그 말들이 반드시 이루어지기 때문이다.

룻기는 해피엔딩이다. 룻기는 흉년에서 시작하여 추수로, 죽음에서 시작하여 생명으로, 울음에서 시작하여 웃음으로, 괴로움에서 시작하여 기쁨으로, 상실과 원망에서 시작하여 회복과 찬양으로, 타향에서 시작하여 고향의 품으로 변화되었다. 나오미도, 룻도, 보아스도 구속 받았다. 모두 다 복을 받았다. 보아스는 그저 부자로 끝나지 않고 믿음의 명문가를 이루었다. 유력한 자에서 유명한 자가 되었다. 하나님의 역사는 그렇다. 서로가 상호 배려하고 존중하는 곳에서 더욱 그렇다.

존중은 상대를 변화시키는 능력

'존중'의 사전적 의미는 '높여서 귀중하게 대하는 것'이다. 영어 단어 'respect'는 라틴어 'respectus'에서 온 단어인데 '되돌아'(re-) '본다'(specere), 즉 '주목하여 본다'는 의미이다. 따라서 존중은 "다른 사람의 가치와 고유성을 인정하고, 그들에게 귀를 기울이며, 그 입장이 되어 생각해 보는 것"이다. 존중은 무척이나 중요하다. 누구나 "나는 중요한 사람인가" "내 존재의 의미는 무엇인가"를 고민하기 때문이다. 더구나 곤경에 처하면 절망에 빠져 자신감을 잃게 된다. "나는 쓸모없는 사람이다." "나는 이제 끝났다." 이때 존중을 받아야 자신감이 생기고, 살 소망이 생긴다. 한국의 자살률이 높은 것은 존중받지 못하기 때문이다.

자녀이든 배우자이든 자신이 충분히 존중받고 있다고 느낄 때 행복을 느낀다. 가장 많은 이혼 사유가 바로 존중 결여이다. 배우자에게 무시당한다고 느끼기에 이혼서류에 도장을 찍는 것이다. 자녀의 가장 흔한 탈선 사유도 존중 결여이다. 존중받지 못해 낮은 자존감을 갖고 살아가기 때문이다. 가정의 기초(fundamental)는 존중이다.

가족관계의 키워드도 존중이다. 가정에서 존중해 줄 때 자신감과 자존감이 높아져 밖에서도 큰일을 할 수 있다. 집에서 존경받는 남편은 밖에서도 훌륭한 일을 한다. 집에서 존중받는 아내는 밖에서도 위축되지 않는다. 집에서 존중받는 자녀는 밖에서도 자신감이 넘친다.

아동 교육가 도로시 로 놀테는 "아이들은 생활 속에서 배운다"에서 다음과 같이 말했다.

> 나무람 속에서 자란 아이는 비난을 배운다.
> 적개심 속에서 자란 아이는 싸움을 배운다.
> 수치심 속에서 자란 아이는 죄의식을 배운다.
> 비웃음 속에서 자란 아이는 부끄러움을 배운다.
> 관대함 속에서 자란 아이는 신뢰를 배운다.
> 격려 속에서 자란 아이는 고마움을 배운다.
> 정당한 보호 속에서 자란 아이는 믿음을 배운다.
> 공평함 속에서 자란 아이는 정의를 배운다.
> 인정 속에서 자란 아이는 자긍심을 배운다.
> 받아들임과 우정 속에서 자란 아이는 사랑을 배운다.

한마디로 자녀를 존중하라는 것이다. 아이들은 존중받지 못해서 이상행동을 하는 것이고, 가출하여 위험한 집단에 들어가는 것이다. 술과 담배와 마약에 손을 대는 것이고, 폭력과 도박과 포르노에 노출되는 것이며, 과도하게 게임에 집착을 하는 것이다. 존중과 자신감이 그들을 보호하는 최선의 방탄조끼이다. 헨리 워즈워스 롱펠로우는 "스스로를 존중하는 사람은 다른 사람에게 상처받지 않는다. 마치 어떤 창으로도 뚫을 수 없는 갑옷을 입고 있는 것과 같다"고 했다.

존중은 가정만이 아니라 사회를 존속시키고 통합시키는 자원이다. 여론전문기관인 퍼블릭 어젠더가 5만 명의 미국인들을 대상으로 조사한 결과, 10명 중 8명은 "존중의 부재가 심각한 사회 문제로 부상했다"고 지적했다.

"무례하고 이기적인 행동이 증가하고 있다."(61%)
"무례한 행동 때문에 기분 나빴던 경험이 있다."(62%)
"점원에게 무시당한 경험이 있다."(77%)
"난폭 운전자와 마주친 적이 있다."(58%)
"욕설을 듣고 기분이 상한 경험이 있다."(56%)

사정은 한국도 마찬가지이다. 공공장소에서 휴대폰이 울리고, 전철에서 큰 소리로 통화하고, 인터넷과 SNS에 욕설과 비난이 난무한다. 사회 구성원을 향한 존중이 결여되어 있다. 우리의 위기는 차이를 존중하지 않는 데에서 오는 것이다. '차이의 존중'은 성숙한 사회의 윤활유와 같은 것이다. 정치에서도 마찬가지이다. 정치인들은 욕설, 막말, 반말, 고압적인 말, 언성을 높이는 말을 자주 한다. 지역, 세대, 이념, 정파의 진영 논리에 빠져 편 가르기 싸움을 하기 때문이다. 목소리가 크고 세게 말하면 이긴다는 생각을 하고 있기 때문이다. 상대방에 대한 존중이 결여된 곳에는 품격이 없다. 그런 국가는 국격도 없다.

공화당 조 윌슨 하원의원은 2009년 미국인이 꼽은 루저(loser) 3위에 오르는 불명예를 얻었다. 그는 오바마 대통령이 국회 연설을 하는 도중에 손가락질을 하며 "당신, 거짓말하지 마!"(You lie!)라고 소리쳤던 사람이다. 그는 TV로 연설을 시청하던 시민들에게 불쾌감을 주었다. 이후 신문 방송이 그를 조사하기 시작했다. 그는 오바마 대통령이 공공보험 도입하는 것을 반대했는데, 자신은 군인건강보험 혜택을 받고 있었고, 자신의 네 아들까지 공짜 건강보험 혜택을 받고 있었다. 게다가 의료 관련 단체로부터 24만 달러의 정치자금을 받은 것도 드러났다.

막말하는 정치인은 일시적으로 지지자들의 환호를 받을지는 몰라도 결국은 심판을 받게 된다. 품격 있게 발언하는 정치인은 정치생명이 길고 국민들의 신뢰를 받는다. 남을 존중할 줄 모르는 사람은 자신도 존중을 받지 못한다. 포르투갈 항공사에서 있었던 일이라고 한다. 흑인이 옆자리에 앉아 도저히 함께 앉을 수 없다고 거듭 항의하는 한 승객이 있었다. 승객의 항의가 완강하여 자리를 옮겨 주려 했지만 이코노미석도 만석, 비즈니스석도 만석이라 빈자리가 없었다. 승무원들은 기장과 상의한 결과를 그 손님에게 알려 주었다.

"이코노미 좌석을 1등석으로 바꿔드린 예가 없지만 손님이 그렇게 항의하시니 할 수 없이 바꾸어 드립니다. 옆에 앉으신 승객분을 1등석으로 옮겨 드리겠습니다."

요즘 세상을 둘러보면 존중을 찾기 어렵다. 아이들의 말이나 인터넷에는 저급한 말들이 넘쳐나고, 공공지역에서 최소한의 예의도 지키지 않는 사례가 비일비재하다. 존중 받지 못하는 교사, 존중 받지 못하는 장교, 존중 받지 못하는 공무원은 일할 의욕마저 잃어가고 있다. 우리는 어떤 사람도 차별 없이 존중해 주어야 한다. 서로 존중하는 사회로 회복시켜야 한다.

존중의 리더십

이와 같이 존중이 인간의 모든 단위에서 유효하다면 리더는 존중으로 리더십을 발휘해야 한다. 리더가 팔로어를 존중할 때에야 비로소 팔로어는 헌신하게 된다. 존중받는 직원일수록 긍정적인 마음을 가지고 있으며 강한 도전정신을 보인다. 존중 받는 회사는 '할 수 있다'는 분위기가 만들어진다. 미국 노동부 조사에 의하면 직원들이 직장을 떠나는 첫 번째 이유는, 임금도 아니고 근로 조건도 아니고 존중의 결여였다. 갤럽 조사에 따르면, 근로자들의 65%가 과거 1년 동안 칭찬이나 능력을 인정받는 말을 한 마디도 듣지 못했다고 답했다.

리더는 다음과 같은 방법으로 직원들에게 존중함을 표현할 수 있다. 직원들에 대해 기대를 가질 것, 기회가 있을 때마다 칭찬의 말을 할 것, 직원들이 중요하게 여기는 것을 존중할 것, 적절한 말로 직원의 가치를 확인시킬 것 등이다. 캐나다 랜드스타드 보고서에 따르면, "고학력 구직자들은 돈의 액수보다는 '존중받는지'를 더욱 중요하게 생각하는 경향이 뚜렷하다"고 한다. 그 다음은 '일이 재미있는지' '근무 환경은 쾌적한지' '자기개발을 회사가 얼마나 지원해 주는지'를 고려 대상으로 한다고 한다. 메리 케이 애시는 "사람들이 돈이나 성공보다 더욱 갈망하는 것이 두 가지 있다. 바로 인정과 칭찬이다"라고 말했다.

기독교의 황금률의 취지도 상대방을 존중하라는 것이다.

"그러므로 무엇이든지 남에게 대접을 받고자 하는 대로 너희도 남을 대접하라 이것이 율법이요 선지자니라"(마 7:12).

위의 말씀은 성경의 정신이다. 마태복음 22장 40절에 나오는 사랑의 이중 계명도 "율법과 선지자의 강령"이라고 했는데, 두 사상을 조합해 보면 남을 존중하고 대접하는 것은 곧 사랑과 통한다는 의미이다. 황금률은 남을 존중할 때에 자신도 존중받는다는 것이다. 다른 사람으로부터 존경과 존중을 받는 사람은 그만큼 존경과 존중을 먼저 주는 사람이었다. 역지사지(易地思之)의 태도로 입장 바꿔 생각해 보면 알 수 있다.

"사람은 누구나 자신의 가치를 인정받고 있다고 느끼고 자신의 존재와 자신의 일이 가치 있다는 느낌을 받을 때 기꺼이 당신에게 협력하는 법이다. 존중은 존중을 부른다. 당신이 다른 사람에게 품는 그 존중의 진동은 당신을 향한 그들의 존중을 부른다. 그러면 당신의 기대와 그들의 기대를 부드럽게 수월하게 일치시키는 일이 가능해진다"(『존중』, 노엘 닐슨).

메리 케이 에시는 다음과 같이 말했다.

"모든 사람은 보이지 않지만 다음과 같이 속삭이는 징표를 목에 걸고 다닌다. '내가 중요한 사람임을 느끼게 해 주세요'."

오프라 윈프리는 인터뷰에서 자기가 진행하는 쇼의 성공 비결을 다음과 같이 말했다.

"'오프라 윈프리 쇼'의 핵심은 초대 손님을 존중하는 것입니다. 초대 손님으로부터 감동적인 무엇인가를 끌어내기 위해선 그 사람을 존중해야만 하거든요. 저뿐만 아니라 우리 팀원 모두가 마찬가지입니다. 그것이 우리 쇼를 오랫동안 이끌어온 비결이죠.

쇼의 성공은 그런 수많은 초대 손님들이 만들어 준 겁니다."

존중의 리더십은 신뢰에서 나오는 것이다. 서로 믿는 것이다. 스티븐 코비는 다음 글을 통해 신뢰가 개인적인 단계에서 맺어져야 한다는 것을 말해 준다.

"신뢰는 모든 효과적인 대인 관계와 조직에 있어서 기초에 해당된다. 든든한 신뢰감 없이는 진정한 팀이 생겨날 수도, 유지될 수도 없다. 그렇다면 대다수의 조직에서 신뢰도가 왜 그렇게 낮은 것일까? 그 이유는 신뢰란 조직적인 명령 체계나 프로그램의 결과가 아니기 때문이다. 다른 말로 표현하자면 신뢰는 바로 만들어지지 않는다. 신뢰는 개인적인 단계에서 볼 수 있는 신뢰감의 열매라고 할 수 있다."

그럼, 어떻게 하면 리더가 신뢰를 얻을 수 있을까? 땀, 즉 성실성이다.

"성실은 신뢰의 기초가 된다. 신뢰는 리더십의 구성 요소라기보다는 리더십을 통해 나타나는 산물이다. 신뢰라는 덕목은 자연스럽게 생겨나는 것이 아니라 땀을 통해 얻어지는 것이다. 이것은 동료와 자신을 따라오는 사람들에 의해 주어지는 것이다. 리더는

신뢰 없이 리더십을 발휘할 수 없다."(워렌 베니스)

모든 인간관계의 기초가 신뢰이기 때문에 평소에 인간관계를 통해 상대방의 마음의 감정은행에 저축을 많이 해 두는 노력을 해야 한다. 그 감정은행의 잔고에서 힘이 나오기 때문이다.

존중은 상대방을 아름답게 빚어가는 힘이 있다. '피그말리온 효과'도 바로 이런 점을 말해 준다. 우리는 상대방에게 우리의 기대를 드러냄으로써 다른 이의 행동에 긍정적인 영향을 줄 수 있다. 긍정적인 기대가 잠재능력을 극대화시킨다는 의미이다. 성경도 우리를 존귀한 자라고 하면서 존중해 준다. 예수님의 사역은 우리를 향한 최고의 존중이었다. 우리를 천하보다 더 귀한 영혼이라고 말씀해 주셨고, 우리를 위해 자기의 몸을 십자가에 내어주셨다. 찬양의 가사처럼 "당신은 사랑받기 위해 태어난 사람"이다. 랄프 왈도 에머슨은 이렇게 말한다.

"사람들을 믿으라. 그러면 그들이 당신에게 진실해질 것이다. 사람들을 가치 있게 대하라. 그러면 그들이 자신들의 가치를 보여줄 것이다."

사람들을 존중하고 그들의 사기를 높여 주면 그들은 더 헌신하게 될 것이다. 그러기에 우리는 현재 그들의 모습보다는 미래의 소망스러운 모습에 초점을 맞추어야 한다. 그렇게 잠재력에 집중하여 존중하면 그들은 엘리베이터를 타고 높이 오르듯 그렇게 높아질 것이다. 「나니아 연대기」의 C.S. 루이스와 「반지의 제왕」의 J.R.R. 톨킨은 옥스퍼드대학교 교수이자 친구였다. 무신론자였던 루이스에게 기독교를 연구하도록 격려하고 회심할 수 있게 도운 사람이 바로 톨킨이었다. 톨킨이 작품을 쓸 수 있도록 격려하고 출판할 수 있는 길을 열어 준 사람은 루이스였다. 이들 서로의 존중과 격려로 인해 기독교를 변증하는 위대한 글과 최고의 판타지 소설이 나오게 된 것이다.

영국 수상 윈스턴 처칠은 2차 세계대전 당시에 광산에서 일하는 광부를 모으기가 무척 힘이 들었다. 군 복무는 찬사를 받는 반면 광산일은 지저분한 일로 치부되었기 때문이다. 그러나 석탄이 없으면 국민들과 군인들이 어려움에 처할 수 있는 상황이었다. 윈스턴 처칠은 하루에 수천 명의 광부를 만났다. 그리고 전쟁에서 그들의 역할이 얼마나 중요한지를 말해 주었다. 조국의 평화를 지키는 데 얼마나 중요한지를 설명해 준 것이다. 냉담하던 광부들은 처칠의 이야기를 듣고 눈물을 흘렸고, 다시 일터로 돌아갔다.

상대방의 가치를 높여 주는 존중과 배려의 리더십, 그 영향력은 실로 놀랍다.

PART 6

결단의 리더십

리더는 뜻을 정하여 결단하고 집중한다

다니엘 1:8-16 ⁸다니엘은 뜻을 정하여 왕의 음식과 그가 마시는 포도주로 자기를 더럽히지 아니하리라 하고 자기를 더럽히지 아니하도록 환관장에게 구하니 ⁹하나님이 다니엘로 하여금 환관장에게 은혜와 긍휼을 얻게 하신지라 ¹⁰환관장이 다니엘에게 이르되 내가 내 주 왕을 두려워하노라 그가 너희 먹을 것과 너희 마실 것을 지정하셨거늘 너희의 얼굴이 초췌하여 같은 또래의 소년들만 못한 것을 그가 보게 할 것이 무엇이냐 그렇게 되면 너희 때문에 내 머리가 왕 앞에서 위태롭게 되리라 하니라 ¹¹환관장이 다니엘과 하나냐와 미사엘과 아사랴를 감독하게 한 자에게 다니엘이 말하되 ¹²청하오니 당신의 종들을 열흘 동안 시험하여 채식을 주어 먹게 하고 물을 주어 마시게 한 후에 ¹³당신 앞에서 우리의 얼굴과 왕의 음식을 먹는 소년들의 얼굴을 비교하여 보아서 당신이 보는 대로 종들에게 행하소서 하매 ¹⁴그가 그들의 말을 따라 열흘 동안 시험하더니 ¹⁵열흘 후에 그들의 얼굴이 더욱 아름답고 살이 더욱 윤택하여 왕의 음식을 먹는 다른 소년들보다 더 좋아 보인지라 ¹⁶그리하여 감독하는 자가 그들에게 지정된 음식과 마실 포도주를 제하고 채식을 주니라

하 나 님 의　리 더　세 우 기

다니엘은 BC 605년 느브갓네살에 의해 바벨론으로 끌려간 유대 귀족 출신의 젊은이였다. 그는 포로지인 바벨론에서 느브갓네살과 벨사살 왕에게 조언을 하는 높은 지위에 있었다. 바벨론이 페르시아에게 정복당한 후에는 페르시아 왕(갈대아 왕) 다리오를 섬기면서 총리를 지냈고(6장), 바사 왕 고레스 3년까지(BC 530년) 살면서 활동했다(10장). 다니엘은 믿음의 사람, 용기의 사람, 기도의 사람, 일관성 있는 사람이었다. 그는 동시대인인 에스겔 선지자에 의해 의로운 사람의 모본으로 세 번이나 언급될 정도였다.

다니엘은 세 친구와 함께 포로로 잡혀 왔다. 그들은 하나냐, 미사엘, 아사랴였다. 이들의 이름의 뜻을 풀이하면, '다니엘'은 '하나님은 나의 재판장이시다', '하나냐'는 '하나님은 은혜로우시다', '미사엘'은 '누가 하나님과 같은가', '아사랴'는 '하나님은 나의 도움이시다'라는 의미였다. 바벨론 사람들은 네 명의 포로 소년들의 이름을 각각 벨드사살, 사드락, 메삭, 아벳느고라고 바벨론 식으로 개명하였다. 어찌 보면 이 소년들은 다행이었는지도 모른다. 고국에 남아 있던 유대 백성들은 살육 당하고 억압 받고 예루살렘이 파괴되고 황폐되는 것을 목격해야 했기 때문이다. 비록 육신적으로는 그러한 상황을 피해 있었지만 이 소년들은 또 다른 심각한 영적인 도전에 직면해야 했다. 믿음을 가지고 살아가야 하는 그들에게 도저히 따를 수 없는 명령들이 주어질 것이었기 때문이다. 그들은 신앙의 정체성에 위기를 만났다. 바벨론은 각국에서 잡아온 인재들을 바벨론화 하기 위해서 그들의 의식주와 문화, 언어와 학문, 종교를 강요했다. 다니엘과 세 친구들이 첫 번째로 직면한 문제는 바벨론의 신들에게 바쳐진 우상의 제물을 먹고 마시라는 요구였다. 먹든지 거부하든지 그들은 양자택일의 딜레마에 처하게 되었다. 과연 그들은 누구에게 충성하는 것이 옳은가? 하나님인가, 바벨론인가?

다니엘은 네 명의 소년 그룹 중 리더로 나온다. 그는 먼저 결단을 했다.

"다니엘은 뜻을 정하여 왕의 음식과 그가 마시는 포도주로 자기를 더럽히지 아니하리라 하고"(단 1:8).

여기에서 '뜻을 정한다'는 것은 한자로 '입지'(立志)인데, 마음과 뜻을 '세우는 일'을 말한다. 영어 번역은 "But Daniel resolved"라고 되어 있는데, 그가 단호하게 결심했다는 의미이다. 우리는 매년 새해에 결심을 하는데 그것을 영어로 'new years resolution'이라고 한다. 'resolve'라는 동사는 확고한 결심을 할 때 사용되는 단어이다. 다니엘의 결심의 내용은 "자기를 더럽히지 아니하리라", 즉 성결한 삶을 살겠다는 것이었다. 죄악 된 세상에서 자신을 더럽히지 않는다는 것이 얼마나 어려운 일인가? 더군다나 국가는 풍전등화의 위기에 처해 있고, 자신들은 적진의 중심부에 있는 상황이었다.

성결의 결심은 왕의 진미와 포도주를 먹지 않는 일이었다. 군 경험이 있는 사람이라면 누구나 합당한 이유 없이 군대 음식을 먹지 않으면 영창의 사유가 된다는 것을 알 것이다. 더구나 이것은 바벨론 왕이 내린 명령을 어기는 것이기 때문에 위태로운 발상이었다. 그렇다면 왜 다니엘은 왕의 진미와 포도주를 먹지 않겠다고 했는가? 바벨론 왕궁에 있는 음식은 그들의 신에게 바쳐진 음식이었다. 따라서 우상의 제물을 먹는 것 역시 우상숭배라고 믿었기 때문이다. 또한 앞으로 자신이 높은 위치에 오르게 되면 사람들이 바벨론 신의 은덕으로 여기게 될 위험성도 있었다. 또 다른 이유는 고통받는 동족들이 있는데 혼자서 호의호식할 수 없다고 생각했기 때문이다.

다니엘은 그의 결심을 환관장 아스부나스에게 알렸다. 만약 환관장이 다니엘을 우호적으로 생각하지 않았다면 이런 제언만으로도 곤경에 처할 일이었다. 그러나 다니엘은 하나님을 신뢰했다. 하나님은 그분을 의지하고 성심을 다해 섬기는 사람을 보호하시고 돌보실 것을 믿었다. 하나님만을 경외하기 위해 취한 행동에 대해 하나님께서 반드시 책임져 주실 것을 믿었다. 채소만 먹어도 고기 먹은 사람보다 더 건강할 것이란 확신이 있었다.

"믿음으로 모세는 장성하여 바로의 공주의 아들이라 칭함 받기를 거절하고 도리어 하나님의 백성과 함께 고난 받기를 잠시 죄악의 낙을 누리는 것보다 더 좋아하고 그리스도를 위하여 받는 수모를 애굽의 모든 보화보다 더 큰 재물로 여겼으니 이는 상 주심을 바라봄이라"(히 11:24-26).

우리에게 인생의 출세보다 더 귀한 것이 있다. 목숨보다 더 귀한 것이 있다. 그것은 하나님을 온전하게 섬기는 것이다. 하나님을 영화롭게 하는 것이다. 모든 일을 하나님의 방법으로 하는 것, 그것이 바로 믿음이다. 이런 믿음을 지닌 다니엘은 "죽으면 죽으리라"는 각오로 이 제안을 했던 것이다. 변화는 이와 같이 거룩한 뜻을 정하는 것에서부터 시작된다.

변화는 결심에서 시작된다. '결심'(decision)의 라틴어 어원은 '잘라 (cid-) 버린다(de-)'이다. 결심을 하기 위해서는 유혹이 되는 것, 혹은 두려운 것을 잘라 버려야 한다. 변화에 배치되는 것을 제거해야 한다. 예수님께서는 산상수훈에서 변화를 위한 과격한 결단을 촉구하셨다.

"만일 네 오른 눈이 너로 실족하게 하거든 빼어 내버리라 네 백체 중 하나가 없어지고 온몸이 지옥에 던져지지 않는 것이 유익하며 또한 만일 네 오른손이 너로 실족하게 하거든 찍어 내버리라 네 백체 중 하나가 없어지고 온몸이 지옥에 던져지지 않는 것이 유익하니라"(마 5:29-30).

「6일간의 깨달음」이라는 책에 다음과 같은 이야기가 나온다. 산악가 아론 랠스톤은 유타 주 협곡에서 암벽을 타다가 눈에 미끄러져 좁은 크레바스에 오른 팔이 끼었다. 결국 닷새를 보냈지만 구조대는 오지 않고 추위에 얼어 죽을 형편이었다. 그는 오른팔을 스스로 절단하는 결단을 했다.

"결단은 간단했다. 그 팔을 가지고 얼어 죽을 것인가, 아니면 팔 하나 버리고 살 것인가? 나는 살기로 결단했다. 내 팔 하나가 내 목숨 값이다. 이보다 더 값진 희생이 어디 있는가?"

요한복음 15장의 '열매 맺는 포도나무 비유'도 가지치기를 해야 알찬 열매를 맺을 수 있음을 가르쳐 준다. 성공하기 위해서는 우선순위를 정하고 그것에 입각하여 삶의 가지치기를 해야 한다. 꼭 필요한 일이 아니라면 아깝더라도 쳐내야 한다. 삶을 구조조정 해야 한다. 이러한 원리는 세속적인 영역이든 영적인 영역이든 마찬가지이다.

호아킴 데 포사다와 엘렌 싱어의 「마시멜로 이야기」에는 '만족 유예의 법칙'이 나온다. 이것은 현재의 욕구를 미루고 참는 결단의 중요성을 말해 준다.

> "스탠퍼드대학교에서 네 살 먹은 아이들에게 한 실험이다. 마시멜로를 접시에 담아 주고, 만약 15분간 마시멜로를 먹지 않고 기다리면 상으로 마시멜로 한 개를 더 주겠다고 약속한다. 15분을 참아 마시멜로를 하나 더 받은 아이들은 후에 보면 그렇지 못한 아이들보다 학업성적도 뛰어나고, 인간관계도 원만하고, 스트레스도 효과적으로 관리한다는 것이다. 더 큰 보상을 위하여 당장의 만족을 유예할 줄 아는 결단이 성공의 지표가 된다는 것이다."

그리스도인은 세상을 향해서 "아니오"라고 용기 있게 말할 줄 알아야 한다. 술, 죄, 뇌물, 부정, 유혹에 대해서 말이다. 아무리 사소해도 하나님의 뜻에 합당하지 않으면 "아니오"라고 말하라. 기독교인의 삶과 일에는 원칙이 있어야 하며 바운더리가 있어야 한다. 그것을 벗어나는 것들에 대해서는 확고하게 거절해야 한다. 여운을 남기지 말고 짧고 분명하게 그러나 정중하게 거절해야 한다. 우리는 인생에서 이와 같은 원칙을 가져야 하는데, 원칙은 타협의 대상이 아니다. 그런데 우리가 "아니오"라고 말하지 못하는 것은 두려움 때문이다. 왕따 당할까 봐, 불이익을 당할까 봐, 나를 싫어할까 봐, 다른 사람을 실망시킬까 봐, 좋은 기회를 놓칠까 봐 등등. 우리는 사랑과 인정을 받고 싶은 욕구 때문에, 자기가 중요한 사람이라는 지나친 사명감 때문에 우유부단하다. 그러나 이렇게 원칙 없이 비겁해서는 지도자가 될 수 없다.

"사람의 행위가 여호와를 기쁘시게 하면 그 사람의 원수라도 그와 더불어 화목하게 하시느니라"(잠 16:7).

다니엘의 결심은 하나님을 기쁘시게 했고, 다른 사람들도 그를 따라주었다. 특히 환관장이 그를 선대해 주었다.

"하나님이 다니엘로 하여금 환관장에게 은혜와 긍휼을 얻게 하신지라"(단 1:9).

용기 있는 결단

다니엘의 요청을 받은 환관장은 고민에 빠졌다. 자신은 바벨론 왕의 명을 받는 신하였기 때문이다. 만약 다니엘이 초식만 하다가 얼굴이 초췌해져 심문을 받게 된다면 결국 자신도 무사하지 못할 것이었기 때문이다. 그래서 환관장은 이런 사정을 다니엘에게 말했다. 이에 대해서 다니엘은 10일의 시험 기간을 요청했다. 10일 동안 시험을 해서 자신의 얼굴이 왕의 진미와 포도주를 먹은 소년들만 못하다면 처분에 맡기겠다는 것이었다.

"청하오니 당신의 종들을 열흘 동안 시험하여 채식을 주어 먹게 하고 물을 주어 마시게 한 후에"(단 1:12).

다니엘은 자신으로 인해 타인이 곤경에 처하는 것을 원치 않았다. 그는 오직 하나님의 개입을 기다렸다. 하나님께서 자신과 함께 하시고, 자신에게 은혜를 베푸실 '은혜의 조각구름'을 기다렸다. 중요한 원칙을 정하고 나면 나머지는 뒤따르게 된다. 다니엘의 결심 이후 관리와의 협상, 세부 실행 사항, 대안 마련 같은 후속 조치가 일사천리로 진행되었다. "만약 환경이 ~하면 내가 이러저러하게 하겠다"는 조건 달린 가정은 실효를 거두기 어렵다. 예를 들어, "소득이 많이 생기면 십일조를 하겠다" "시간이 나면 봉사하겠다"는 절대로 이루어질 수 없는 일들이다. 먼저 십일조를 하고, 먼저 봉사를 해야 한다. 그러면 축복이 뒤따라온다.

그렇다면 다니엘과 친구들의 결과는 어떠했을까? 몰골이 초췌하여 수치로 고개를 떨어뜨렸을까?

"열흘 후에 그들의 얼굴이 더욱 아름답고 살이 더욱 윤택하여 왕의 음식을 먹는 다른 소년들보다 더 좋아 보인지라"(단 1:15).

결코 그렇지 않았다. 그리하여 다니엘과 세 친구들은 왕의 진미와 포도주 대신 채식을 하게 되었고, 자신들의 정결을 지킬 수 있게 되었다.

다니엘과 세 친구들이 왕의 진미 대신 채식을 하겠다고 요청해서 승낙 받은 일은 약소 포로민이 할 수 있는 작은 승리였다. 바벨론 왕은 자신이 정복한 민족과 나라의 젊은이를 데려다가 자기 사람을 삼고 바벨론화 시키려고 했지만, 다니엘과 세 친구는 하나님께 대한 충성을 통해 그 압력을 이겨냈다. 그리고 이 승리의 배경에는 하나님이 계셨다. 중요한 것은 먼저 결단이 있어야 한다는 것이다. "기면 기고 아니면 아니다"라는 확고한 신념 말이다.

"오직 너희 말은 옳다 옳다, 아니라 아니라 하라 이에서 지나는 것은 악으로부터 나느니라"(마 5:37).

"내 형제들아 무엇보다도 맹세하지 말지니 하늘로나 땅으로나 아무 다른 것으로도 맹세하지 말고 오직 너희가 그렇다고 생각하는 것은 그렇다 하고 아니라고 생각하는 것은 아니라 하여 정죄 받음을 면하라"(약 5:12).

결단에는 "아니오"라고 말할 수 있는 용기가 필요한다. 미국에서는 아이들에게 "Just Say No" 교육을 시켜서 마약, 알코올, 담배, 성적 학대, 폭력을 거부하게 한다. "안 돼" "그런 일은 하지 않겠어" "그건

옳지 않아" "나를 만지지 마." 텔레비전, 스마트폰, 컴퓨터, 게임 등에 대해서 '미디어 금식'(media fasting)을 하는 것도 미디어의 영향력을 거절하는 좋은 훈련이다. 할 수 있는 영역과 해서는 안 되는 영역에 대한 구분선(boundary)이 없이 자란 사람은 충동적, 중독성, 무책임성, 무질서에 쉽게 노출된다.

그런 의미에서 구약시대에 모세를 통해 전해 주신 십계명은 하나님이 그분의 자녀들에게 준 경계선이었다. 십계명은 형태상 "하라"와 "하지 말라"(yes and no)로 구성되어 있다. 하나님이 좋아하시는 것과 싫어하시는 것, 허용하시는 것과 금지하시는 것을 통해 하나님의 뜻을 분명히 보여 준다. 따라서 인간은 십계명을 통한 훈련이 필요하다. 이 훈련은 때때로 개인의 자유를 제약하는 듯이 보이지만 사실은 참된 자유를 보장하는 장치이다. 우리는 그 십계명이라는 울타리(바운더리) 안에 있을 때 참으로 자유롭고 안전하고 행복하다. 그 안에서 보호를 받고 안정과 평안을 누린다. 애굽에서 요셉이 보디발 아내의 유혹에 대하여 "아니오"라고 말할 수 있었던 것은 자신의 삶의 행동에 분명한 경계를 설정했기 때문이었다. 경계선이 있었기 때문에 모세도 바로의 왕궁에서 바로의 아들이라 칭함 받는 것을 거절하고 하나님의 백성과 함께 고난 받는 것을 더 기뻐할 수 있었다.

한편 나쁜 것뿐 아니라 좋은 것도 바운더리가 있어야 한다. 과유불급(過猶不及)이라고 했다. "과하면 안한 것만 못한 경우도 있다"는 뜻이다. 선행도 적정한 선이 있다. 사랑과 이타주의와 헌신과 순종에 연연하다가 자신의 한계와 범위를 잊을 때가 있다. 그럴 때는 분주하고, 질서가 없고, 평안이 없어지게 된다.

우리에게 주어진 짧은 생애 동안에 하나님이 맡겨 주신 시간과 재능을 잘 개발하고 효과적으로 활용하려면 때로는 "아니오"라고 말할 수 있는 용기가 필요하다. 우리는 메시아 콤플렉스를 가져서는 안 된다. 미국의 유명한 코미디언 빌 코스비는 "나는 성공의 비결을 모른다. 하지만 실패의 비결은 안다. 그것은 모든 사람을 기쁘게 하려고 노력하는 것이다"라고 말했다.

라인홀드 니버는 다음과 같이 기도했다.

"하나님, 제가 변화시킬 수 있는 것은 변화시킬 수 있는 용기를, 변화시킬 수 없는 것은 받아들일 수 있는 침착함을, 이 둘을 분별할 수 있는 지혜를 주소서."

다니엘의 세 친구의 결단

느부갓네살 왕 때, 두라 평지에 높이 27미터, 넓이 2.7미터의 금 신상을 만들고, 우상에게 절하라는 명령이 내려졌다. 누구든지 절하지 않으면 풀무불에 던져 넣겠다는 어명이 뒤따랐다. 이와 같은 우상숭배 강요는 고대든 현대든 가리지 않는 듯하다. 우리도 일제 치하에서 신사참배를 강요당했다. 현대에는 우상숭배가 신상만이 아니라 재물, 권력, 명예, 인기와 같은 형태로 제시된다. 다니엘의 세 친구인 사드락, 메삭, 아벳느고는 신상에게 절하지 않다가 결국 고발당했다. 왕은 진노하여 직접 심문을 했다. 왕은 자신의 권위로 그들을 굴복시켜 인재도 잃지 않으면서 자신의 위신을 더욱 높이기 위해 그들을 소환했다.

"이제라도 너희가 준비하였다가 나팔과 피리와 수금과 삼현금과 양금과 생황과 및 모든 악기 소리를 들을 때 내가 만든 신상 앞에 엎드려 절하면 좋거니와 너희가 만일 절하지 아니하면 즉시 너희를 맹렬히 타는 풀무불 가운데 던져 넣을 것이니 능히 너희를 내 손에서 건져낼 신이 누구이겠느냐"(단 3:15).

다시 한 번 살 기회를 준다는 말이었다. 살고 죽는 것이 왕인 자신에게 달려 있다는 것이었다. 그때 다니엘의 친구들은 하나님의 계획에 대해서는 완전히 확신하지는 못했지만, 하나님의 능력에 대해서는 완전히 확신하고 있었다.

"왕이여 우리가 섬기는 하나님이 계시다면 우리를 맹렬히 타는 풀무불 가운데에서 능히 건져내시겠고 왕의 손에서도 건져내시리이다. 그렇게 하지 아니하실지라도 왕이여 우리가 왕의 신들을 섬기지도 아니하고 왕이 세우신 금 신상에게 절하지도 아니할 줄을 아옵소서"(단 3:17-18).

느부갓네살 왕은 진노하여 얼굴빛을 바꾸고, 풀무불을 평소보다 칠 배나 뜨겁게 하여 세 사람을 결박하여 던지라고 명령했다. 그 불이 어찌나 맹렬했던지 세 명의 친구들을 붙잡고 있던 사람들이 불에 타 죽을 정도였다. 하지만 불에 던져진 세 친구는 죽지 않았다. 오히려 풀무불 안에서 네 명이 걸어 다니는 모습이 보였다. 풀무불은 다만 그들을 묶고 있던 결박만 태웠을 뿐이었다. 아마도 네 번째 사람 "신의 아들"은 예수 그리스도를 의미할 것이다. 목숨을 바쳐 충성하는 이들을 보호하시기 위해 불 가운데 임재하신 것이다. 왕은 풀무불 아귀 가까이 가서 그들에게 그곳에서 나오라고 말했다. 놀랍게도 그들은 머리털도 그을지 않았고, 의복 빛도 변하지 않았고, 불 탄 냄새도 없었다. 하나님은 그들을 '풀무불로부터' 건져내신 것이 아니라 '풀무불 안에서' 구하신 것이다. 그들의 결단 있는 행동에 깊은 인상을 받은 왕은 하나님을 찬양하기 시작했다.

"느부갓네살이 말하여 이르되 사드락과 메삭과 아벳느고의 하나님을 찬송할지로다 그가 그의 천사를 보내사 자기를 의뢰하고 그들의 몸을 바쳐 왕의 명령을 거역하고 그 하나님 밖에는 다른 신을 섬기지 아니하며 그에게 절하지 아니한 종들을 구원하셨도다"(단 3:28).

결국 이 일로 인해 하나님의 이름과 그들의 이름이 더욱 높아졌다. 세 친구들의 결단으로 말이다.

기도, 사자의 입을 막는 비결

다니엘은 노년에도 결단의 모습을 보여 주고 있다. 특히 기도생활에서 그러했다. 바벨론을 무너뜨린 페르시아는 광대한 영토를 차지했다. 전체 지역을 120개로 나누고 행정관을 두었으며 3명의 총리를 두었는데, 다니엘은 그 중 으뜸 총리였다. 그러다 보니 다니엘을 시기하는 무리들이 생겨났다. 그들은 다니엘을 고소하기 위해 혈안이 되었지만 다니엘에게서 아무 흠도 찾아내지 못했다. 국사에서나 개인적인 삶에서도 정결하고 깨끗했기 때문이다. 성품도 훌륭했고 도덕적으로도 깨끗했다. 결국 모해자들은 '다니엘의 믿음'을 걸고 넘어지기로 했다. 그들은 왕에게 나아가 '엉뚱한' 금령을 건의했다. 한 사람을 잡기 위해 나라 법을 만드는 계략을 꾸민 것이다. 그 법의 골자는 30일 동안 누구든지 왕 외의 어떤 신에게나 사람에게 무엇을 구하면 사자굴에 던져 넣는 것이었다. 그들은 다니엘이 자신들의 계획에 말려들리라고 계산했다.

기도가 불법이 되더라도 당신은 기도하겠는가? 그런데 지금 이런 일이 미국에서 벌어지고 있다. 청교도들이 신앙의 자유를 찾아 세운 미국이 이제 학교에서 기도하는 것을 법으로 막고 있다. 미국 사우스

캐롤라이나 주의 리버티고등학교 졸업식 고별사에서 있었던 일이다. 최고 우등생으로 졸업하는 로이 코스트너가 졸업생 대표로 고별사를 하게 되었다. 그는 소개를 받고 단상에 올라가 학교 측에서 준비한 원고를 찢었다. 그러고는 지금까지 자신을 있게 하신 하나님께 감사드렸고, 이어서 주기도문을 낭송하였다. 후에 그는 다음과 같이 그 이유를 밝혔다.

"학교에서 기도를 금한 것은 제 인생 최악의 사건이었습니다. 저는 하나님을 옹호하고 싶어 주기도문을 낭송했습니다."

다니엘은 30일 동안 기도를 쉬지 않았다. "하나님, 이해해 주세요"라고 기도하지 않았다. 눈 뜨고 기도하거나 문 닫고 기도하거나 기도하는 횟수를 줄이지도 않았다. 그는 이 때 목숨을 건 기도를 했다.

> "다니엘이 이 조서에 왕의 도장이 찍힌 것을 알고도 자기 집에 돌아가서는 윗방에 올라가 예루살렘으로 향한 창문을 열고 전에 하던 대로 하루 세 번씩 무릎을 꿇고 기도하며 그의 하나님께 감사하였더라"(단 6:10).

총리직보다 더 귀한 것이 있다. 목숨보다 더 귀한 것이 있다. 바로 하나님을 향한 믿음이다. 다니엘은 바벨론에서 하루에 세 번씩 자기 방의 창문을 예루살렘을 향해 열고 기도하는 경건 생활을 했다. 일정한 시간, 일정한 장소, 분명한 목표를 가지고 기도했다. 왕의 조서도 다니엘의 이런 기도 습관을 바꾸지 못했다. 그는 뜻을 정하고 기도했다. 어려운 상황 속에서 감사의 기도를 드렸다.

결국 다니엘은 사자굴 속에 떨어지게 되었다. 그의 나이 여든이 지난 때였다. 그러나 다니엘의 생명은 이렇게 끝나지 않았다. 하나님이 천사를 보내셔서 사자들의 입을 봉하여, 다니엘을 상해하지 못하게 하셨다. 왕은 비통한 밤을 보낸 뒤에 새벽에 다니엘을 찾아갔다. 친구의 죽음을 애도하기 위해서였는데 뜻밖에도 그는 멀쩡히 살아 있었다.

"나의 하나님이 이미 그의 천사를 보내어 사자들의 입을 봉하셨으므로 사자들이 나를 상해하지 못하였사오니 이는 나의 무죄함이 그 앞에 명백함이오며 또 왕이여 나는 왕에게도 해를 끼치지 아니하였나이다"(단 6:22).

"다니엘을 굴에서 올린즉 그의 몸이 조금도 상하지 아니하였으니 이는 그가 자기의 하나님을 믿음이었더라"(단 6:23).

결국 다니엘을 참소하던 자들과 그 가솔이 사자의 밥이 되었다. 하나님은 다니엘을 '사자굴로부터'가 아니라 '사자굴 안에서' 구하셨다.

"다니엘이 다리오 왕의 시대와 바사 사람 고레스 왕의 시대에 형통하였더라"(단 6:28).

기도는 사자굴에 들어가는 것이고, 순간순간 하나님의 도움으로 사자의 입을 막는 것이다. 사실 어려운 상황에서 기도한다는 것은 '위험한 일'일 수 있다. 하나님의 거룩한 뜻을 받아들이는 것이기 때문이다. 그러나 기도가 사자의 입을 막는 최선의 방법이다. 리더십이 영향력이라면 다니엘은 자신과 왕과 나라와 법까지도 바꾸는 위대한 영향력을 발휘한 리더였다.

다니엘과 세 친구를 통해 무엇을 배웠는가? 처음부터 원칙을 정하는 것이 좋다는 것이다. 원칙을 정하고 결단력 있게 살아가야 한다는 것이다. 그렇지 않으면 요동치는 상황 가운데 타협하기가 쉽다. 손해를 볼까 봐 타협하고 두려움 때문에 타협하게 된다. 그러나 결단하고 나아가면 살아 계신 하나님을 만날 수 있다. 보호해 주시고 도울 자를 보내주시고 대적조차 감동시키시며 결과적으로 더 좋게 만드시는 하나님을 말이다.

짐 콜린스는 「좋은 기업을 넘어 위대한 기업으로」에서 '금기사항' 목록을 만들라고 말한다.

"우리들 대부분은 바쁘기는 하지만 절제되지 않은 삶을 산다. 이 일 저 일, 그리고 더 많은 일을 함으로써 추진력을 얻으려고 노력하는 동안 '해야 할 일'의 목록은 계속 늘어만 간다. 제대로 되는 일이 거의 없다. 그러나 그저 평범한 회사를 위대한 회사로 만들어 낸 사람들은 '해야 할 일'의 목록만큼 '금기사항'의 목록도 잘

활용한 사람들이다. 그들은 온갖 종류의 잡다한 일을 하지 않기 위해 놀랄 만한 훈련을 했다 … 그들은 자신의 자원과 재능을 단 한 가지 혹은 몇 가지 분야에만 투자하기 위해 뛰어난 용기를 발휘했던 것이다."

한 가지 일에 집중하지 못하면 비전을 잃게 된다. 세상 사람들도 성공하기 위해 자신들이 주력해야 할 영역을 정하고 결연하게 나아간다. 그리스도인들도 마찬가지이다. 우리는 성경적 세계관과 가치관을 정립해야 한다. '해야 할 일'의 목록과 '금기사항' 목록을 만들어야 한다. 그리고 하나님께 항상 의지하면서 그 영역을 지켜나가야 한다. 그럴 때 하나님께서 놀랍게 역사하실 것이다. 이런 삶이야말로 세상을 따르지 않고 하나님을 따르는 삶이다. 카멜레온처럼 변화무쌍하게 적응해서 살아남는 것은 무의미하다. 원칙의 문제에서는 확고하게 결단하고 결단한 대로 일관성 있게 살아가야 한다.

PART 7

공감의 리더십

마음을 읽는 리더는 모두의 공감을 얻는다

사무엘하 23:13-17 | ¹³또 삼십 두목 중 세 사람이 곡식 벨 때에 아둘람 굴에 내려가 다윗에게 나아갔는데 때에 블레셋 사람의 한 무리가 르바임 골짜기에 진 쳤더라 ¹⁴그 때에 다윗은 산성에 있고 그 때에 블레셋 사람의 요새는 베들레헴에 있는지라 ¹⁵다윗이 소원하여 이르되 베들레헴 성문 곁 우물 물을 누가 내게 마시게 할까 하매 ¹⁶세 용사가 블레셋 사람의 진영을 돌파하고 지나가서 베들레헴 성문 곁 우물 물을 길어 가지고 다윗에게로 왔으나 다윗이 마시기를 기뻐하지 아니하고 그 물을 여호와께 부어 드리며 ¹⁷이르되 여호와여 내가 나를 위하여 결단코 이런 일을 하지 아니하리이다 이는 목숨을 걸고 갔던 사람들의 피가 아니니이까 하고 마시기를 즐겨하지 아니하니라 세 용사가 이런 일을 행하였더라

하 나 님 의   리 더   세 우 기

　사무엘하 21장부터 24장은 다윗의 만년에 관한 기록이다. 다윗은 일생을 회고하면서 특별히 기억나는 사람과 사건 등 자신의 일생에서 중요했던 것들을 나열하고 있다. 다윗의 일생을 결정지었던 사건들과 사람들은 과연 무엇이고 누구였을까? 다윗은 만년에 무엇을 기억하고 있었을까?

　당신은 리스바를 아는가? 그녀는 아야의 딸로서 사울의 첩이었다. 사울 왕이 통치할 때는 어떠했을지 몰라도, 사울 왕이 길보아 산에서 죽고 왕조가 무너진 뒤로부터는 사람들이 이 여인을 함부로 다루었고(삼하 3:7) 억울하게(삼하 21:10) 했다. 하지만 그녀는 그 시대 사람과 다윗을 부끄럽게 한 여인이었다.

　다윗 통치의 초기에 있었던 일일 것이다. 이스라엘에 3년 연속 기근이 있었고, 다윗은 그것이 사울이 기브온 사람들에게 행한 악행 때문에 생긴 일이라는 것을 알게 되었다. 기브온 사람들은 아모리 족속으로 가나안에 살고 있었는데, 여호수아와 언약을 맺고 죽임을 모면한 적이 있었다. 그런데 사울은 그 언약을 깨고 기브온 사람들을 죽인 것이었다. 여호와의 이름으로 한 맹세요 언약을 깨고 이스라엘과 유다를 향한 열심으로 그들을 핍박하고 죽이려 했던 것이다.

"너희는 내 이름으로 거짓 맹세함으로 네 하나님의 이름을 욕되게 하지 말라 나는 여호와이니라"(레 19:12).

다윗은 이 일을 알고 해결하기 위하여 기브온에 찾아가서 "내가 어떻게 속죄하여야 너희가 여호와의 기업을 위하여 복을 빌겠느냐?"(삼하 21:3)고 물었다. 기브온 사람들은 아무리 많은 은금을 주어도 해결할 수 없고, 당사자인 사울 집안 사람 일곱 명을 내어 주라고 했다. 히브리 사상에 의하면, 사람이 억울하게 피를 흘리면 그 땅에 스며든 그의 피가 하나님께 신원해 달라고 호소를 하고, 그 호소를 잠재우기 전에는 그 땅에 평안이 없었다.

다윗은 요나단과의 언약을 생각하고 요나단의 아들 므비보셋을 보호했다. 그리고 사울의 첩 리스바에게서 난 알모니와 므비보셋, 그리고 사울의 딸 메랍의 소생인 다섯 아들을 내어 주었다. 기브온 사람들의 요구대로 사울 자손 일곱 명을 내어 준 것이다. 기브온 사람들은 산 위에서 이들을 목매달아 죽였다. 이때 아마도 처형과 더불어 온전한 장사를 지내지 못하는 처분까지도 내려졌던 모양이다. 히브리인들은 시신이 안장되지 못하고 죽는 죽음을 가장 치욕적이고 비참한 것으로 여겼기 때문이다. 그 누구도 시신을 수습할 수가 없었다.

이렇게 아무도 나서지 못하는 상황에서 리스바는 굵은 베를 바위 위에 펴고 비를 맞아 가며 밤낮으로 새와 맹수로부터 희생당한 두 아들의 시신을 지켰다. 이 일은 약 6개월 후에 다윗 왕에게까지 들리게 되었다. 홀로 자녀의 시체를 지키기 위해 애를 쓰고 있다는 소식은 다윗을 감동시켰다. 그때 다윗은 자신의 불찰을 깨닫고 사울 집안의 입장을 헤아리게 되었다. 아마도 아직 살아 남아 있던 사울 가문의 생존자들은 계속해서 두려움에 떨고 있었을 것이다. 그래서 다윗은 사울 시대의 유산을 아름답게 마무리해 줄 마음을 갖게 되었다. 길르앗 야베스 사람들에 의해 사울과 요나단의 시신이 수습된 것도 생각이 났다. 그래서 뒤늦게 그들 모두의 시신을 기스의 가족묘에 안장해 주었다. 다윗은 특별히 왕의 명령으로 예를 갖추어 그들 모두의 장례를 치르게 했다. 뒤늦은 처사였지만 리스바 여인의 마음을 어루만져 주었고, 사울의 후손과 그를 따르던 자들의 심정을 헤아려 준 것이었다.

"그 후에야 하나님이 그 땅을 위한 기도를 들으시니라"(삼하 21:14).

리스바의 아들들을 목매어 달 때가 보리 추수를 시작할 때였으니 (태양력으로 4월 중순) 가을비(10월 중순)가 내릴 때까지 리스바는 6개월간 아들들의 시신을 지켰다. 이 일이 다윗과 하나님을 감동시킨 것이다.

기근의 문제는 기브온 사람들이 원수를 갚는 것으로 해결된 것이 아니었다. 오히려 다윗이 그들의 마음을 어루만지지 못한 것을 깨닫고, 잘 수습함으로써 해결되었다. 다윗은 리스바를 통하여 하나님이 원하시는 것은 희생이 아니라 긍휼임을 깨닫게 되었다. 속죄는 '생명을 빼앗음'으로써가 아닌 '생명을 존중함'으로써 이뤄지는 것이다. 다윗이 이렇게 문제를 해결할 수 있었던 것은 그가 공감하는 리더였기 때문이다. 공감은 리더에게 아주 중요한 덕목이다.

용감한 세 용사

다윗이 공감하는 리더임을 보여 주는 또 한 가지 사건이 있다. 다윗이 도망자 시절에 아둘람 굴에 있을 때의 일이다. 그때는 모든 것이 불안하고, 막막하고, 곤고한 시절이었다. 다윗은 전심을 다해 나라와 민족을 섬겼지만, 사울의 미움을 받고 쫓기는 신세가 되었다. 이스라엘의 영웅이 도피자가 되었다. 다윗에게는 내일에 대한 기약도 없었다.

다윗이 아둘람에 있다는 소문을 듣고 각처에서 400여 명의 사회 부적응자들이 몰려왔다. 그들과 함께 광야에서 산다는 것은 보통 힘든 일이 아니었다. 천하의 다윗이라고 해도 육체적으로 피곤할 수밖에 없었고 정신적으로나 영적으로 침체 상태에 빠져들 수밖에 없었을 것이다. 자기 혼자 모든 무거운 짐을 다 진 듯한 외로움도 있었을 것이다. 그때 다윗의 입에서 나왔던 한마디는 "베들레헴 성문 곁 우물 물을 누가 내게 마시게 할까?"(삼하 23:15)였다. 다윗은 그때 마실 물이 없어서 그 말을 한 것이 아니었다. 그것은 당시 다윗의 외로움과 괴로움을 대변하는 말이었다.

사람은 약해지면 어머니가 생각나고 고향이 생각나고 그곳에서 먹은 음식이 생각나게 된다. 나 역시 미국에서 고달픈 유학생활을 하면서 교회를 개척했을 때, 그런 심정이 들었다. 그래서 어느 날 교인들에게 어머니가 해 주셨던 고들빼기김치와 추어탕이 생각난다고 지나가는 말로 한 적이 있다. 그러자 며칠 뒤에 모 집사님이 고들빼기김치와 추어탕을 만들어 오셨다. 미꾸라지가 나지 않는 곳이라 어떻게 끓이셨는지 궁금했는데 나중에 알고 보니 고등어로 감쪽같이 끓이신 것이었다. 이후 계속해서 교인들이 고들빼기김치를 가져다주시는 바람에 냉장고가 그것으로 가득 찼던 기억이 있다.

당시 베들레헴에는 블레셋의 요새가 있었다. 사울 왕은 일평생 블레셋과 전투를 벌였다. 블레셋의 위세는 대단했다. 블레셋은 가나안에 살고 있던 이스라엘이 강성해지지 못하게 허리를 끊으려 했다. 남쪽과 북쪽 지파의 중간 지점을 점령하고 수비대를 둠으로써 왕래를 차단하여 국력이 통합되는 것을 막으려 했다. 이런 전략적 차원에서 다윗의 동네 베들레헴이 점령되고 블레셋 수비대가 주둔하게 된 것이다. 다윗은 비록 도망자 신세이기도 했지만, 이런 점에서 베들레헴에 접근하는 것이 어려웠을 것이다.

다윗이 고향에 있는 물을 마시고 싶다고 한 것은 단순히 향수병이 아니라 나라에 대한 걱정 때문이었다. 그리고 그 물을 떠오라고 명령한 것도 아니었다. 그저 터져 나온 탄식이었다. 그런데 이 말에 목숨을 건 사람들이 있었다. 세 명의 용사들이 죽음을 무릅쓰고 블레셋 진영을 돌파하여 베들레헴에 들어가서 샘물을 길어 온 것이다. 이들이 무슨 의도로 시키지도 않은 위험한 작전을 이렇게 감행했겠는가? 바로 자신들의 지도자인 다윗의 마음에 용기를 주고 싶었기 때문이었다. 우리가 당신과 함께 한다는 것을 보여 주고 싶었기 때문이었다. 이렇게 세 용사들은 다윗에 대한 사랑과 충성을 드러냈다.

다윗은 여기에 이렇게 반응하였다.

"여호와여 내가 나를 위하여 결단코 이런 일을 하지 아니하리이다 이는 목숨을 걸고 갔던 사람들의 피가 아니니이까 하고 마시기를 즐겨하지 아니하니라 세 용사가 이런 일을 행하였더라"(삼하 23:17).

전술상으로 볼 때 이는 정말 무모한 일이었다. 물 때문에 전진을 돌파하다가 죽을 수도 있는 일이었기 때문이다. 다윗은 자신의 실언을 후회했다. 다시는 그런 경솔한 언사를 하지 않을 것임을 다짐했다. 이처럼 다윗은 다른 사람들을 통해 자신을 돌아보는 자기 인지능력이 있었다. 나단이 "부자와 가난한 자"의 이야기를 들려 주었을 때도 자신의 죄악이 얼마나 가증한 것인지를 깨닫고 눈물로 회개하기도 했다. 다윗은 이와 같이 타인을 통해 자신의 부족한 점을 발견하고 시정하고 보완했다.

다윗은 상관의 지시도 없이 행동한 이 사람들을 어떻게 했을까? 무한 감동을 받았다. 부하들의 비상식적인 행동 이면에는 자신을 향한 진정한 사랑과 충성이 있었기 때문이다. 다윗은 부하들의 행동에 공감하였다. 이들의 행동은 다윗의 마음을 어루만져 주었다. 다윗은 이들을 보고 약해질 수가 없었다. 그래서 다시 힘을 낼 수 있었다.

다윗은 부하들이 떠온 물을 마시지 않았다! 그 물을 피로 여겼기 때문이다. 그 물은 단순한 물이 아니었다. 세 용사가 자신의 생명을 걸고 떠온 물이었다. 세 명의 용사가 살아 돌아왔기에 망정이지 십중팔구는 '불귀의 객'이 될 수 있었다고 보아야 한다. 다윗은 여호와께 신성한 예물로써 이 피 같은 물을 관제(灌祭)로 부어 드렸다. 생명을 상징하는 피를 여호와께만 드렸듯, 그 물도 그와 같이 드렸다. 여기에는 상대방의 입장에서 서로를 생각하는 마음이 들어 있었다. 이로써 세 용사의 용감한 행위를 인정하고 그들의 마음을 치하한 것이었다. 이 일을 통해 다윗의 아둘람 공동체는 새로운 힘을 얻었고 화합하고 단결하는 계기가 되었을 것이다. 그래서 이 이야기는 다윗의 공식적인 역사에 기록될 수 있었다(대상 11:15-19). 하나님의 마음에 합한 자, 다윗은 다름 아닌 하나님과 공감하는 사람이었다. 다윗은 왕으로서의 충분한 자질을 갖춘 자, 공감하는 지도자였다.

다윗 왕국을 건설한 자들의 명단

사무엘하 23장 후반부에는 다윗 왕국을 건설한 사람들의 명단이 나온다. 그들은 다윗의 용사들로 총 37명(삼하 23:39)이다. 다윗은 독불장군(獨不將軍)이 아니었다. 베들레헴 이새의 아들로서 목동 출신인 다윗이 왕이 된 것은 하나님의 선택하심과 섭리 때문이었다. 하지만 그 과정에는 수많은 용사들의 헌신과 눈물과 희생이 있었다. 다윗은 그 공로자들의 명단을 작성함으로써 그들에게 공을 돌렸다.

여기서 유념해 볼 인물이 두 명 있다. 한 명은 명단의 제일 마지막에 나오는 "헷 사람 우리아"(삼하 23:39)이다. 그는 밧세바의 남편, 다윗이 간음하고 빼앗은 여인의 남편, 다윗에 의해 사지에 몰려 죽은 장수였다. 다윗은 왜 여기서 자신의 치부와 범죄를 연상시키는 우리아를 기록했을까? 슬그머니 뺄 수도 있었는데 말이다. 충성스러운 우리아에 비해 당시 다윗은 너무나도 탐욕스러운 악한 왕이었다. 하지만 다윗은 평생 그를 기념했다. 비록 한순간 여인에 눈이 멀고 범죄한 사실을 덮기 위해 그를 죽음으로 내몰았지만, 우리아의 공과 그의 충성스러움을 잊을 수가 없었던 것이다.

반면 아무리 찾아보아도 다윗 시대의 최고의 실세요, 군 사령관이었던 요압에 대한 언급은 없다. 덜 중요한 "요압의 아우 아비새" "요압의 아우 아사헬"은 나오는데 정작 "요압"에 대한 소개는 없다. 이것은 의도적인 것이었다. 요압은 다윗에게 기억되지 않았다. 그 이유는 요압이 다윗과 함께 하면서도 마음은 다른 곳에 있었기 때문이다. 그는 자기주장이 강해서 독단적이며 잔인하였고 때로는 다윗을 무시하고 월권하였다. 요압은 실력자이기는 했지만 지도자는 못 되었다.

다윗이 말년에 솔로몬에게 왕권을 넘겨줄 때 한 유언을 보면 요압에 대한 내용이 있다. 다윗은 은혜 베풀 자들에게 은혜를 베풀고, 정의를 시행해야 할 자들에게 정의를 시행하라고 하면서 요압은 반드시 처단하라고 했다. 요압은 성품과 기질이 다윗과 달랐고 세계관과 신앙도 달랐다. 단지 다윗을 왕으로 세워 자신도 영화를 누려 보려는 동기에서, 그리고 가까운 친척으로서 다윗과 함께 했던 자였을 뿐이었다. 그리하여 다윗은 자신의 말년까지도 요압을 이해할 수가 없었던 것이다. 우리아는 비록 자신이 죽였지만 그의 충성스러움에 대해서는 공감하는 바가 있었고, 요압에 대해서는 공감할 수 있는 여지가 없었던 것이다. 다윗은 요압에 대한 숙청을 솔로몬에게 요구했고, 결국 요압은 하나님의 뜻에 거스르는 일에 나섰다가 비극적 최후를 맞게 되었다.

감성의 리더십

21세기 리더에게 필요한 자질은 무엇일까? 혹자는 21세기 리더에게는 감성과 도덕성이 중요하다고 한다. 그래서 리더는 "예술가처럼 살아야 하고, 또한 성직자처럼 살아가야 한다"고 말하기도 한다. 감성은 이성에 밀려 빛을 보지 못하다가 근래에 들어서 부각되고 있다. 감성 지능이 높은 리더는 압박을 받는 상황에서도 현실을 직시하며 명료한 판단을 내리기 위해 혼란한 자신의 마음을 다스릴 줄 안다. 가치 지향적이며 개방적이며 유연한 리더십을 발휘한다.

감성의 리더십은 일에 대한 관심보다는 사람에 대한 관심이 많다. 리더가 사람에 관심을 가지면 감성적 유대가 형성되고 그것을 바탕으로 공감의 분위기가 만들어진다. 공감의 분위기가 조성되면 사람들 사이에 보이지 않는 강력한 유대감이 생긴다. 유대감은 일을 추진할 수 있는 에너지가 된다. 사람들은 좋을 때나 힘들 때나 변함없이 그 리더를 따르게 된다.

"사람은 감동을 먹고 산다." 따라서 지혜롭게 살고 성공적으로 살기 위해서는 상대방에게 감동을 주어야 한다. 일반적으로 우리 인생들은 인간 상호 관계 속에서 감정은행계좌(emotional bank account)가 자동적으로 개설된다고 한다. 상대방에 대한 신뢰도는 결국 이 감정은행계좌에 얼마가 적립되어 있느냐에 따라 결정되는 것이다. 평소의 관계를 통하여 예입과 인출이 발생한다. 감정 잔고가 높으면 신뢰의 정도가 높고 의사소통이 원활하고 즉각적이고 효과적이지만, 잔고가 낮으면 신뢰가 적고 융통성이 없어진다. 감정계좌에 대한 예입 수단은 이해심, 친절, 약속 이행, 관심, 언행일치, 신의, 진지한 사과, 진실, 성실과 같은 것들이다. 이런 일을 시행할 때 상대방은 나에 대해서 예입을 높이게 될 것이다. 반면 인출은 실망, 반복되는 사과, 불성실, 약속 위반, 거짓과 같은 것이 생길 때 발생한다. 결국 현재의 잔고가 상대방과의 관계의 질을 결정한다. 평소에 예입을 많이 해야 신뢰도가 높아지고 마음을 움직일 수가 있다.

> "마음으로부터 우러나는 건전한 영향력을 발휘하지 못하는 리더는 관리자일 뿐, 진정한 리더는 아니다."(『감성의 리더십』, 다니엘 골먼, 48쪽).

공감의 리더십

리더란 집단의 감성을 이끌고 가는 존재이다. 리더는 긍정적인 공감대를 형성하고 공감을 촉진할 수 있는 적절한 방향으로 조직을 이끌어야 한다. 리더는 사람들의 감성을 긍정적인 방향으로 이끌고, 해로운 감정이 야기시킨 오염 물질을 제거해야 한다. 긍정의 바이러스는 확산시키고, 부정의 바이러스는 차단해야 한다. 집단의 사기를 북돋고, 분위기를 좋게 만들어야 한다. 그렇게 하기 위해서는 타인의 감정에 대해 예민성을 갖추어야 한다.

> "위대한 리더는 자신과 다른 사람들의 감정의 주파수를 맞출 수 있는 사람들이다"(『감성의 리더십』, 7쪽).

이것이 공감의 리더십이다.

공감(empathy)은 그리스어 'empatheia'에 어근을 두고 있는데 '안'이라는 의미의 접두사 'em-'과 '느낌'이라는 'pathos'라는 말이 합쳐진 것이다. 그리스어로 공감이란, 즉 '상대방의 느낌 안으로 들어가는 것'이다. 공감은 다른 사람의 감정을 읽을 수 있다는 뜻이다. 상대방의 감정의 파장을 읽으면서 그것이 자신의 감정으로 느껴질 때, 공감이 일어나게 된다. 서로의 감정의 파장이 일치할 때, 그들은 서로 공감하고 있다고 말할 수 있다. 여기에서 정서적 유대감이 생겨난다. 공감을 잘하는 사람은 다른 사람에게 적절한 관심과 걱정을 표현할 줄 안다. 공감은 상대방의 생각을 인정해 주는 행위이다. 공감을 표현하는 순간 적대적인 관계가 협조적인 관계로 바뀌게 된다.

공감은 감성 지능이 높은 리더에게서 자연스럽게 흘러나오는 것이다. 공감을 불러일으키는 리더십은 지성과 감성을 한데 묶는 것이다. 훌륭한 리더의 공통점은 공감 능력이 뛰어나다는 것이다. 공감 능력은 다른 사람의 감정이나 생각을 알아채서 이해하고 존중해 주는 능력이다. 다른 사람이 무엇을, 어떻게, 왜 느끼고 생각하는지를 올바르게 파악하는 능력이다. 상대방의 관점에서 세상을 보고, 다른 사람이 상황을 어떻게 생각하고 느끼는지를 이해하는 것이다.

세월호 사건은 대한민국에 커다란 충격을 안겨 주었다. 너무 큰 사건이었기에 정치적인 책임을 지고 많은 사람이 자리에서 물러나야 했다. 해양사고의 주무부서의 장으로서 이주영 해수부 장관도 당연지사로 사임을 할 수밖에 없었다. 하지만 그는 유가족들의 요구로 유임되었는데, 그 이유는 그가 보여 준 유가족과의 소통과 공감 때문이었다. 다른 사람들은 책임을 회피하고 전가하고 있을 때, 그는 유가족과 함께 진도 앞바다를 지키면서 구조와 시신 인양 작업을 진두지휘했다. 유족의 아픔을 함께 하며 유족의 소리에 귀를 기울였다. 행정책임자에 대해서 증오와 원망어린 시선으로 바라보던 사람들이 그의 공감어린 태도에 마음을 열게 되었고, 결국은 대통령의 마음까지 움직여 해수부 장관의 자리에 유임되었던 것이다.

공감의 중요성에 대해서는 이전부터 알려져 있었다. 역지사지(易地思之)라는 말은 입장을 바꾸어 생각해 본다는 말이다. 그 사람의 삶의 자리에 들어가면, 과연 나는 어떻게 생각하고 행동했겠는가를 미루어 짐작함으로써 상대방을 이해하는 것이다. 서양 속담에도 "상대방의 신발을 신어 본다"는 말이 있는데 이것도 동일한 취지를 드러내는 것이다. 그 사람의 입장에서 상황을 바라보겠다는 뜻이다. 연속되는 재난을 당한 욥이 원했던 것은 공감이었다. 신학적 이론이나 뼈아픈 진실이 아니었다. 함께 있어 주고 붙들어 주고 들어 주고 아파하고 울어 주는 것이다. 재난의 이유나 원인을 밝히는 것이 아니었다. 그러나 욥의 친구들은 공감하지 못했기 때문에 위문하러 왔다가 고문하는 사람이 되어 버렸다.

공감을 어렵게 생각할 필요는 없다. '공감 토크'라는 제목의 강의를 들어 본 적이 있다. 좋은연애연구소 김지윤 소장의 강의였는데, 그녀는 "화성에서 온 남성"와 "금성에서 온 여성"이 효과적으로 대화할 수 있는 간단한 비법을 소개해 주었다. 세 마디만 잘 해도 대화가 된다고 한다. "헐!" "정말!" "대박." 이 세 마디만으로 맞장구를 쳐 주면 된다는 것이다. 이 간단한 말은 상대방의 감정에 적극적으로 동참하겠다는 의지가 내포되어 있는 말들이다. 공감하되 적극적으로 공감하는 말들이다. 그러면 말하는 사람도 신이 나서 자신의 말을 하고, 관계는 좋아지게 될 것이다. 자신의 감정이 인정을 받고 적극적인 지지를 받는다는 경험보다 더 기쁜 경험은 없다.

폴 베어 브라이언트는 나쁜 일이 생길 때면, "그것은 나 때문이다" 괜찮은 일이 생길 때면, "그것은 우리 때문이다" 정말 좋은 일이 생길 때면, "그것은 바로 당신 때문이다"라고 말하라고 했다. 대부분의 사람들이 자신의 공로와 역할을 인정받기 원하기 때문이다. 리더는 바로 사람의 이런 마음과 소원을 알고 해 줄 말을 해 주는 사람이다. 물론 공감은 자신의 목적과 뜻을 성취하기 위해서 사람들의 마음을 악랄하게 이용하는 선동과는 다르다. 선동은 부정적인 공감으로 이간질과 두려움을 낳는다. 공감하기 위해서는 유머와 낙관적인 태도가 필요하다. 공동의 목표 의식과 소속감, 그리고 협동정신이 필요하다.

예수님의 공감의 리더십

공감의 리더십의 대표적인 분은 바로 예수님이시다. 성경을 보면 예수님께서 우리의 마음을 공감하시는 대목이 많이 나온다. 첫 만남에서 예수님은 나다나엘을 간사함이 없는 참 이스라엘 사람이라고 칭찬하셨다. 일면식도 없었는데 어찌 자기를 아느냐는 그의 질문에 대해 예수님은 이렇게 말씀하셨다.

"네가 무화과나무 아래에 있을 때에 보았노라"(요 1:48).

유대 사회에서 경건한 자는 "무화과나무 아래"에서 묵상하고 기도하고 성경을 읽었다. 그 아래에서 간절한 마음의 소원을 하나님께 아뢰었다. 예수님은 나다나엘이 바로 그런 경건한 부류임을 알고 있다고 말씀하신 것이다.

"나는 네가 그동안 무엇을 했는지 다 알고 있다. 너는 세상 연락을 즐기는 대신 무화과나무 밑에서 하나님께 간절히 기도했지. 나는 다 알고 있다. 네가 어떠한 사람이라는 것을."

또한 예수님은 간음하다가 현장에서 잡혀온 여인의 처지도 공감해 주셨다.

"나도 너를 정죄하지 아니하노니 가서 다시는 죄를 범하지 말라"(요 8:11).

돌무화과 나무 위로 올라간 여리고의 세리장 삭개오의 행동만 보시고도 그의 내면을 읽으셨다.

"내가 오늘 네 집에 유하여야 하겠다"(눅 19:5).

정오의 뜨거운 뙤약볕 밑 우물가에서 만난 사마리아 여인의 마음도 알고 공감해 주셨다. 옥합을 깨뜨린 여인이 비난 받을 때도 그녀의 마음을 받아주시고 그 행위가 영원히 기념될 것이라고 말씀해 주셨다. 가버나움에서 지붕을 뚫고 중풍병자를 내린 사람들의 중심을 보시고 칭찬해 주셨다. 귀 먹고 말 더듬는 자를 치유하실 때에는 하늘을 우러러 그들의 처지를 탄식하시면서 "에바다"(막 7:34)라고 하셨다. 히브리서에 보면 예수님은 우리의 대제사장으로서 우리를 동정하신다고 나온다.

"우리에게 있는 대제사장은 우리의 연약함을 동정하지 못하실 이가 아니요"(히 4:15).

연약함을 "동정한다" 보다는 "공감하신다"고 번역했으면 더 좋을 뻔 했다.

미국 인디애나 주에서 있었던 일이다. 15세 브라이언이 뇌종양으로 방사선과 화학요법 치료를 받게 되었다. 오랜 투병 생활로 몸은 마르고 머리카락은 다 빠지게 되었다. 브라이언이 퇴원하여 처음

학교에 등교한 날, 깜짝 놀랄 만한 일이 벌어졌다. 급우들 모두가 머리를 빡빡 밀고 그를 반갑게 맞이하였던 것이다. 그래서 누가 투병 중인 아이인지, 누가 건강한 아이인지를 구별할 수가 없었다. 아픈 친구의 처지를 공감하며 동참한 아름다운 모습이었다. 이때 브라이언은 얼마나 힘을 얻었겠는가? 이것은 동정이 아니라 진정한 공감이었다.

공감 능력을 키우는 방법

모든 참된 리더십은 공감하는 마음(compassion)에서 나온다. 공감은 'com+passion'으로 '아픔'을 '함께' 한다는 뜻이다. 고통에 동참하고 불쌍히 여기는 상호 이해, 동료 의식, 연대 의식을 의미한다. 다른 사람의 처지에 들어가 그들의 경험을 나누고, 우선은 그들을 있는 모습 그대로 받아들이는 것이다. 그렇게 하기 위해서 우리는 감정 이입을 해야 한다. 감정 이입을 하여 공감대를 형성해야 한다. 공감할 때 감동이 일어나고 변화가 일어난다. 그런 점에서 여성은 공감 능력이 대체로 뛰어나다. 어머니는 아이의 울음소리만 들어도 무엇이 필요한지를 안다. 감정적으로 혹은 인지적으로 공감할 수 있다.

성경은 우리에게 생각이 다른 사람들을 틀렸다고 보지 말고 다르다고 여기고 수용해 줄 것을 권면하고 있다.

"이제 인내와 위로의 하나님이 너희로 그리스도 예수를 본받아 서로 뜻이 같게 하여 주사 한마음과 한 입으로 하나님 곧 우리 주 예수 그리스도의 아버지께 영광을 돌리게 하려 하노라 그러므로 그리스도께서 우리를 받아 하나님께 영광을 돌리심과 같이 너희도 서로 받으라"(롬 15:5-7).

"서로 받으라"에서 '받는다'는 말은 영어로 'accept'이다. 수용, 관용, 포용, 용납, 아량 같은 뜻을 가지고 있는 단어이다.

공감하기 위해서는 경청이 필수적이다. 솔로몬은 '들을 귀'를 달라고 기도했다. 잘 듣는 것이 지혜이고 분별력이고 공감적 경청이다.

"내 사랑하는 형제들아 너희가 알지니 사람마다 듣기는 속히 하고 말하기는 더디 하며 성내기도 더디 하라"(약 1:19).

우리는 듣는 데 탁월해야 한다. 귀로, 눈으로, 머리로, 입으로, 그리고 가슴으로 들어야 한다. 이것은 말의 느낌과 의미, 나아가 행동까지 감지하고 직관하여 느끼는 것이다. 주의를 집중하여 상대의 이야기를 듣는 것은 집중력과 감성 지능을 요구하는 능동적인 기술이다. 주의하여 듣는 것은 상대의 가치관, 신념, 목표, 감정을 존중한다는 표시이다. 무시하거나 듣는 체하거나 선택적으로만 듣지 않고 신중하게 듣고 공감하면서 듣는 것, 이해하려는 의도를 가지고 듣는 것, 이것이 바로 공감적 경청이다.

아들 보형이가 대학생 때 있었던 일이다. 보형이가 엄마와 점심 약속 장소로 가는 길이었는데, 그때 백화점 앞에서 휠체어를 탄 장애인이 무엇인가 알 수 없는 소리를 지르고 있었다. 사람들은 그가 구걸하는 줄 알고 1,000원 짜리 등을 주고 갔다. 보형이도 1,000원 짜리 하나를 주고 지나치려다 그가 다급하게 손짓을 하는 것이 무슨 말을 하려는 것 같아 가까이 가서 들어주었다고 한다. 알고 보니 그 사람은 돈이 아니라 화장실이 급한데 혼자 해결할 수 없어 도움을 요청했던 것이다. 아이는 그분을 한적한 곳으로 인도하여 휠체어 뒤에 있는 소변기를 꺼내 도와주었다고 한다. 여기에서 우리는 일상적으로 돕는 것도 좋지만 진정으로 그가 무엇이 필요한지 귀를 기울이는 것이 얼마나 중요한가를 알 수 있다.

애꾸눈에, 외다리에, 난쟁이 왕이 자신의 초상화를 그려 달라고 화가에게 부탁을 했다고 한다. 화가는 왕의 모습을 보고는 난처했지만, 초상화는 먼 훗날 자손을 위해 남기는 것이므로 왕을 아주 멋지게 그려주었다. 다리 둘에 두 눈을 똑바로 뜬 보통 키의 사람으로 말이다. 그러나 칭찬을 기대한 화가는 곧바로 혼쭐이 나고 말았다. 왕은 자신이 우롱당했다고 생각했다. 그것은 자신의 모습이 아니었기 때문이다. 왕은 다른 화가를 불러 "있는 그대로의 내 모습을 그리라"고 명령했다. 화가는 명령대로 그렸는데 이번에도 왕은 자신이 모욕을 당했다고 생각하고 그를 처벌했다. 그려진 자신의 모습이 너무 불

품없었기 때문이다. 이제 세 번째 화가가 왕에게 불려 갔다. 그는 이미 두 명의 화가의 이야기를 통해 종잡을 수 없는 요구 뒤에 있는 왕의 마음을 읽을 수 있었다. 그래서 그는 왕이 말을 타고 총을 겨누어 사냥하는 모습을 그렸다. 목표물을 보고 있으니 눈 하나를 감고 있고, 발 하나는 말 반대편에 있으니 하나만 그려도 되었고, 말을 타고 있으니 키도 적당해 보였다. 이 그림을 보고 왕은 만족해 하며 그 화가에게 후하게 상을 주었다고 한다. 이처럼 지혜로운 자는 사람의 마음을 읽고 공감하여 사람을 얻게 된다. 공감의 리더십은 이 시대의 리더에게 중요한 요소이다.

PART 8

상생의 리더십

리더는 지체의식을 회복시켜 생명을 살린다

사무엘상 25:23-35

²³아비가일이 다윗을 보고 급히 나귀에서 내려 다윗 앞에 엎드려 그의 얼굴을 땅에 대니라 ²⁴그가 다윗의 발에 엎드려 이르되 내 주여 원하건대 이 죄악을 나 곧 내게로 돌리시고 여종에게 주의 귀에 말하게 하시고 이 여종의 말을 들으소서 ²⁵원하옵나니 내 주는 이 불량한 사람 나발을 개의치 마옵소서 그의 이름이 그에게 적당하니 그의 이름이 나발이라 그는 미련한 자니이다 여종은 내 주께서 보내신 소년들을 보지 못하였나이다 ²⁶내 주여 여호와께서 살아 계심을 두고 맹세하노니 내 주도 살아 계시거니와 내 주의 손으로 피를 흘려 친히 보복하시는 일을 여호와께서 막으셨으니 내 주의 원수들과 내 주를 해하려 하는 자들은 나발과 같이 되기를 원하나이다 ²⁷여종이 내 주께 가져온 이 예물을 내 주를 따르는 이 소년들에게 주게 하시고 ²⁸주의 여종의 허물을 용서하여 주옵소서 여호와께서 반드시 내 주를 위하여 든든한 집을 세우시리니 이는 내 주께서 여호와의 싸움을 싸우심이요 내 주의 일생에 내 주에게서 악한 일을 찾을 수 없음이니이다 ²⁹사람이 일어나서 내 주를 쫓아 내 주의 생명을 찾을지라도 내 주의 생명은 내 주의 하나님 여호와와 함께 생명 싸개 속에 싸였을 것이요 내 주의 원수들의 생명은 물매로 던지듯 여호와께서 그것을 던지시리이다 ³⁰여호와께서 내 주에 대하여 하신 말씀대로 모든 선을 내 주에게 행하사 내 주를 이스라엘의 지도자로 세우실 때에 ³¹내 주께서 무죄한 피를 흘리셨다든지 내 주께서 친히 보복하셨다든지 함으로 말미암아 슬퍼하실 것도 없고 내 주의 마음에 걸리는 것도 없으시리니 다만 여호와께서 내 주를 후대하실 때에 원하건대 내 주의 여종을 생각하소서 하니라 ³²다윗이 아비가일에게 이르되 오늘 너를 보내어 나를 영접하게 하신 이스라엘의 하나님 여호와를 찬송할지로다 ³³또 네 지혜를 칭찬할지며 또 네게 복이 있을지로다 오늘 내가 피를 흘릴 것과 친히 복수하는 것을 네가 막았느니라 ³⁴나를 막아 너를 해하지 않게 하신 이스라엘의 하나님 여호와의 살아 계심을 두고 맹세하노니 네가 급히 와서 나를 영접하지 아니하였더면 밝는 아침에는 과연 나발에게 한 남자도 남겨 두지 아니하였으리라 하니라 ³⁵다윗이 그가 가져온 것을 그의 손에서 받고 그에게 이르되 네 집으로 평안히 올라가라 내가 네 말을 듣고 네 청을 허락하노라

하 나 님 의   세 우 기

    사무엘상 25장에는 다윗과 나발, 그리고 아비가일 세 사람이 등장한다. 우선 사무엘이 죽는 기사로 시작하는데, 다윗이 의지하던 사무엘 대신 아비가일이 등장한다. 이것은 다윗에게 있어서 아비가일이 사무엘의 자리를 대치하는 것을 암시한다. 다윗에게 멘토의 역할을 해 줄 여인이 등장하는 것이다. 그리고 성품과 행위가 꼭 사울을 닮은 나발이 나온다. 따라서 25장은 '사무엘-사울-다윗'의 이야기의 또 다른 판본인 '아비가일-나발-다윗'의 이야기라고 할 수 있다. 우주 속의 작은 우주가 있듯, 등장인물 간의 관계와 갈등이 여기서 재연되고 있다.

    사무엘상 24장에서 사울을 살려 주었던 다윗은 25장에서 사울에 해당하는 나발과 그의 집안 사람들을 살려 준다. 그리고 이 경험이 바탕이 되어 26장에 다시 한 번 자신을 추격해 온 사울 왕을 살려 준다. 나발을 살려 주는 25장의 경험은 다윗에게 26장에 사울을 살려 주는 일에 큰 확신을 주었던 것으로 보인다. 나발의 최후가 사울의 최후를 예시하고 있다. 결국 다윗은 죽이고 죽이고 죽이려는 자들을, 살리고 살리고 살려 준다.

사무엘이 죽자, 다윗은 바란 광야로 후퇴했다. 바란 광야는 '굴이 많은 땅'이라는 의미인데, 시내 반도 중앙부의 석회암 고원지대를 말한다. 다윗이 바란 광야로 갔다는 것은 사무엘의 죽음으로 사울 왕이 맹렬하게 추격할 것을 두려워하여 철수한 것으로 보인다. 이후 장면은 헤브론 남쪽의 유대 광야 지대에서 펼쳐진다. 다윗은 광야에서 부하들과 함께 거하는 동안 나발의 종들을 도와 양들을 돌보아 주었다. 마온에 거주하던 나발은 갈멜에 목장을 가지고 있는 엄청난 부자였다. 갈렙의 후손이라 집안도 좋았다. "심히 부하여 양이 3,000마리 염소가 1,000마리"(삼상 25:2)였다. 나발은 "부하게 사는 자"(삼상 25:6)로서 자신의 이름보다 부유함이 먼저 소개되고 있다. 즉, 소유가 존재를 앞서는 사람이었다. 그러나 이름 그대로 나발은 '어리석은 자'였다.

'어리석음'은 성경에 나오는 가장 경멸적인 용어 중 하나이다. '어리석음'은 히브리어 동사 '무너지다'에서 파생한 단어로, 하나님 없이 사는 자를 묘사할 때 주로 사용되고 있다. 그 의미 그대로 나발은 어리석은 부자였다. 예수님께서도 그런 사람을 소개하신 적이 있다(눅 12:20). "자기를 위하여 재물을 쌓아 두고 하나님께 대하여 부요하지 못한 자"(눅 12:21) 말이다. 반면에 그의 아내 아비가일은 총명하고 아름다운 여인이었다. 아비가일의 이름은 "나의 아버지는 기뻐하신다"라는 뜻이다.

나발의 종들이 증언한 것과 같이 다윗은 광야의 여러 위협에서 나발의 소유와 사업을 보호해 주는 울타리 같은 역할을 하였다(삼상 25:16). 사회에서 부적응자 600명이 모였으니 그 거칠음이 얼마나 심했겠는가? 하지만 다윗은 그들을 훈련하여 군대가 되게 했다. 그들은 아무리 배고프고 힘들더라도, 여호와의 싸움을 하는 자신들은 민족을 지키고 변방의 침입자들을 제압하면서 살아야 한다는 다윗의 말에 힘을 얻었을 것이다. 동족 가운데 부유한 자들의 재물들도 함부로 손을 대지 못하도록 철저하게 단속했을 것이다. 그렇게 하는 것이 다윗의 집단이 부랑자의 집단이 되지 않고 민심을 얻을 수 있는 토대이기도 했다. 대신에 그들은 광야에 거주함으로써 동족이 변방 족속들에 의한 기습과 약탈을 당하지 않도록 보호하는 방패막이 역할을 하였다. 양 털을 깎는 수확기가 되자, 다윗은 나발에게 열 소년을 보내며 "샬롬, 샬롬, 샬롬" 하며 삼중 축복을 빌어 주었다.

"너는 평강하라 네 집도 평강하라 네 소유의 모든 것도 평강하라"
(삼상 25:6).

다윗은 나발, 그리고 그의 집안과 소유까지 진심으로 축복했다. 그리고 "좋은 날"에 다윗과 부하들을 위해 먹을 것을 구하였다. 추수 날에는 모두 다 같이 기뻐하며 서로 나누는 것이 미덕이었다. 또한 음식을 풍성하게 장만하여 나누는 풍습이 있었다. 다윗은 나발의 수

확 가운데 상당한 지분이나 정기적인 공납을 요구한 것이 아니었다. 단지 좋은 날이니 함께 먹을 수 있게 해 달라고 요청했다. 또한 다윗은 군대나 무장한 군사가 아닌 소년을 보내며 문안했다. 다윗은 그 소년들이 함부로 말을 할까 봐 그들이 해야 하는 말까지도 그들의 입술에 넣어 주었다. 자신을 "아들"로, 자신의 부하들을 나발의 "종"이라고 호칭하면서 그에게 요청을 하게 했다. 다윗의 정중함과 겸손함을 그대로 드러낸 것이다. 결코 위협이나 협박이 아니었다. 기쁜 수확의 날에 예우를 갖추어 간청한 것이었다.

"내 소년들이 네게 은혜를 얻게 하라 우리가 좋은 날에 왔은즉 네 손에 있는 대로 네 종들과 네 아들 다윗에게 주기를 원하노라"(삼상 25:8).

그런데 "완고하고 행실이 악한"(삼상 25:3) 나발은 그 소년들에게 아무것도 주지 않았을 뿐 아니라, 소년들 앞에서 그들의 주인 다윗을 모욕했다.

"다윗은 누구며 이새의 아들은 누구냐 요즈음에 각기 주인에게서 억지로 떠나는 종이 많도다 내가 어찌 내 떡과 물과 내 양 털 깎는 자를 위하여 잡은 고기를 가져다가 어디서 왔는지도 알지 못하는 자들에게 주겠느냐"(삼상 25:10-11).

나발은 "나는 당신을 모른다"고 했다. 어찌 이스라엘 사람으로서 다윗을 몰랐겠는가? "사울이 죽인 자는 천천이요 다윗은 만만이로다"라고 알려진 다윗이지 않은가? 다윗은 가는 곳마다 승승장구하여 민족의 원수 블레셋 사람들을 쩔쩔매게 한 용사였다. 시쳇말로 다윗을 모르면 간첩이었다. 뿐만 아니라 그는 다윗의 아버지 이새를 모욕하는 발언도 서슴지 않았다. 또한 다윗의 추종자들까지도 비난했다. 주인 밑에서 주인을 섬기고 받들어야 할 사람들이 일을 하기 싫어 야반도주하여 도망친 불한당, 불량배들이라고 말이다. "억지로" 주인을 떠났다고 말이다. 그러나 그들은 모두 부당한 억압을 당한 사람들이었다. 여기에서 우리는 피해자를 나쁜 사람으로 몰아가는 나발의 비열함을 엿볼 수 있다. 만약 다윗이 점잖고 사려 깊은 열 명의 소년을 보내지 않았다면 현장에서 칼을 뽑아 나발을 쳤을지도 모를 일이다. 또한 나발은 이기적이었다. 그는 "내가" "내 떡과 물" "내 양 털"이라고 말했다. 이 모든 것이 자기 것인데 왜 자기 것을 주어야 하냐는 식이었다. 그러나 인생은 그 어떤 것도 자신의 것이라고 주장할 수 없다. 오직 선한 청지기가 되어야 할 의무가 있을 뿐이다.

열 명의 소년들은 나발로부터 환대를 기대했다가 불의의 박대를 당하고 돌아왔다. 빈손으로 돌아가면서 마음에는 모멸감과 분노가 가득했을 것이다. 나발은 다윗과 그의 아버지, 그리고 추종자 전체를 모욕했다. 그들이 나발을 괴롭히거나 재산상의 손실을 끼친 일도 없는데, 이런 말을 듣는 것은 억울한 일이었다. 다윗 공동체는 나발로부터 그런 모욕을 들을 이유가 없었다. 그것은 백성들의 안위를 지켜 주고자 했던 다윗의 선함을 악으로 갚는 것이었다. 나발의 모습은 골리앗의 위험에서 이스라엘을 구한 다윗을 죽이려고 찾는 사울의 모습과 매우 흡사했다. 나발은 사울처럼 완악했고, 선을 악으로 갚으려고 했으며, 다윗을 대적했다. 나발은 어떻게 이토록 무례하고 상식에 맞지 않는 행동을 했을까? 다윗을 돕다가 멸망 당한 놉 사람들이 생각나서 그랬던 것일까? 사울 왕의 추격에 맞서 싸우지 못하고 도피하는 것이 우습게 보였을까? 아니면 부유함과 재물이 나발을 교만하게 만들어 사리 분별을 하지 못하게 만든 것일까? 좌우간 전령의 보고를 받은 다윗과 그의 공동체는 분개했다. 다윗은 하나님의 이름으로 맹세를 하고 말았다.

> "내가 그에게 속한 모든 남자 가운데 한 사람이라도 아침까지 남겨두면 하나님은 다윗에게 벌을 내리시고 또 내리시기를 원하노라"
> (삼상 25:22).

나발과 그에게 속한 남자를 죽이겠다는 것이다. 여기에서 우리는 흥분한 다윗의 모습을 보게 된다. 여호와 하나님의 마음에 합했던 사람, 노래를 잘하여 수금과 비파로 여호와를 찬양하던 영감의 찬양가, 시편의 많은 노래를 지은 시인, 그리고 자신을 죽이려고 찾아온 사울 왕을 살려 준 바로 그 다윗에게서 말이다. 다윗은 400명을 무장을 시켜 나발을 죽이려고 나갔다. 솔직히 400명의 군사 동원은 과했다. 다윗이 사울 왕에게 했던 말과 같이 "죽은 개나 벼룩을 쫓기 위해"(삼상 24:14) 이스라엘의 대군을 동원한 격이기 때문이다. 그러나 이것은 다윗의 분노의 크기였다. 또한 다윗이 나발의 가문을 진멸하려는 의지의 표현이었다(삼상 25:22,34). "그에게 속한 모든 남자"는 히브리 원어상으로 "벽에 오줌 누는 자"라는 말로 모든 남성을 의미하고 있다. 대단히 경멸스럽고 천박한 표현으로 나발에 대한 다윗의 증오심을 대변하고 있다. 피비린내 나는 살육이 벌어질 일촉즉발의 상황이었다.

지금 다윗은 분노가 폭발하여 제정신이 아니다. 사울의 일로 예민한 상황에서 과민반응을 보이는 것이다. 분노란 정상적인 때라면 그렇게 행동하지 않았을 방식으로 반응하는 것이다. 좌절감, 욕구 불만을 느꼈을 때 나타나는 과잉반응이다. 리더는 분노를 잘 관리해야 한다. 그렇지 못하면 실수하고 넘어지게 된다. 심한 분노는 일종의 미치광이 같은 행동을 하게 하며 일시적으로 제정신을 잃게 만든다. 다윗은 이성을 잃었다. 여기에서는 다윗다운 절제력을 찾아 볼 수가 없다. 사람이 성내는 것, 화를 내는 것으로는 하나님의 의를 이룰 수가 없다.

아비가일의 대응

나발의 아내 아비가일은 이러한 급박한 상황을 한 소년으로부터

들게 되었다. 그 소년은 자초지종을 설명하면서 다윗과 그를 따르는 사람들이 행한 태도와 나발이 다윗을 모욕한 일에 대해 소상히 알려 주었다(25:14-17). 종은 다윗이 이 정도의 모욕을 당했으면 그냥 지나갈 리가 없다고 판단했을 것이다. 하지만 나발은 어리석기 때문에 들을 귀가 있는 지혜로운 아비가일을 찾아가 알린 것이다. 모종의 조치를 취하지 않으면 큰 화가 가문 전체에 떨어질 상황이었다.

당신이 만약 어리석은 남편 때문에 고초를 많이 겪은 아비가일이었다면 어떻게 했겠는가? 자업자득이라 여기고 자신만 조용히 피신하겠는가? 그러나 아비가일은 그렇게 하지 않았다. 지혜로운 아비가일은 이 문제를 직접 처리하고자 했다. 아비가일은 자신이 직접 다윗에게 나아가 용서를 구하고 가문 전체를 위해서 구명(求命)을 호소하고자 했다. 아비가일은 급히 잔치 음식을 준비했다.

"아비가일이 급히 떡 이백 덩이와 포도주 두 가죽 부대와 잡아서 요리한 양 다섯 마리와 볶은 곡식 다섯 세아와 건포도 백 송이와 무화과 뭉치 이백 개를 가져다가 나귀들에게 싣고"(삼상 25:18).

그리고 그 음식과 함께 소년들을 앞세워 먼저 보냈다. 마치 야곱이 얍복 강에서 에서에게 예물을 먼저 보내서 마음을 누그러뜨리게 하고 나타나는 것과 같은 전략이었다.

"은밀한 선물은 노를 쉬게 하고 품안의 뇌물은 맹렬할 분을 그치게 하느니라"(잠 21:14).

아비가일은 다윗이 나오는 길 앞에 나아가 엎드려 "미련하고" "불량한"(삼상 25:25) 자기 남편 나발을 대신하여 용서를 빌었다.

"부디, 간청하오니 참으십시오. 제가 대신 사죄드립니다. 미련하고 불량한 나발하고 상대하지 마십시오. 그가 미련한 짓을 했습니다. 저는 당신이 사람을 보낸 것을 알지 못했습니다. 다 제 불찰입니다. 부디 나발 같은 자가 되지 마십시오. 당신이 누구신지 잊지 마십시오. 당신은 이스라엘을 세우실 분입니다. 이것은 하나님의 부름을 받은 분이 하실 만한 행동이 아닙니다. 나발의 악행은 하나님이 친히 갚으실 터이니 당신은 더 큰 하나님의 싸움을 싸우십시오. 개인적인 원한을 갚는데 당신의 힘을 허비하지 마십시오. 나중에 슬퍼할 일, 후회할 일은 하지 않는 것이 좋습니다. 이렇게 하시면 사람들의 여론도 안 좋아집니다. 하나님이 당신을 위해서 든든한 집을 세우실 것입니다. 당신은 하나님의 생명싸개 속에 싸여 있고 당신의 대적들은 물매로 던지듯 하나님이 던지실 것입니다."(저자 의역)

아비가일은 다윗을 "내 주"라고 불렀다(삼상 25:24). 자신을 여섯 번 "당신의 여종"이라고 낮추었고, 다윗을 스물여덟 번 "내 주"라고 높였다. 아비가일은 결코 여종이 아니었다. 부자집 마님으로서의 위엄을 갖추고 있었다. 하지만 다윗 앞에서는 철저히 자신을 낮추는 모습,

겸손한 모습을 보였다. 다윗을 향한 최대의 존경을 표했다. 모욕을 받은 사람에게는 존중이 최고의 약이다. 아비가일은 다윗이 분노하는 것은 당연하다고 공감하였다. 다윗이 앞으로 하게 될 위대한 일의 비전도 동감하였다. 아비가일은 이스라엘 지도자로서의 다윗의 사명과 위치를 일깨워 주었다. 다윗이 힘쓸 일은 죽임이 아니라 생명임을 인식시켜 주었다. 특별히 "물매"(삼상 25:29)를 언급한 것은 다윗이 골리앗을 죽이던 것을 생각나게 했다. 아비가일은 다윗의 과거와 현재와 미래를 잘 알고 있는 듯했다. 그녀는 현재의 사태를 미래의 더 넓은 시점에서, 하나님의 안목에서 보도록 만들었다. 자신과 가문을 위한 구명에 있어서 하나님의 개입을 나타냄으로써, 나발과 다윗과 아비가일의 관계가 하나님과 다윗과 아비가일로 나아가게 했다. 아비가일은 하나님의 소명, 하나님의 언약, 하나님의 비전을 증언했다.

다윗이 마음을 풀다

아비가일의 지혜로운 행동으로 다윗은 분노를 가라앉히고 발길을 돌려 하나님을 찬송했다. 다윗은 아비가일의 지혜로운 말에 그 엄중했던 맹세를 철회했다.

"오늘 너를 보내어 나를 영접하게 하신 이스라엘의 하나님 여호와를 찬송할지로다 또 네 지혜를 칭찬할지며 또 네게 복이 있을지로

다 오늘 내가 피를 흘릴 것과 친히 복수하는 것을 네가 막았느니
라"(삼상 25:32-33).

아비가일은 다윗에게 그의 실수를 막기 위해 하나님이 보내신 사람으로 인정을 받았다. 목숨을 걸고 다윗 앞에 무릎 꿇은 아비가일은 나발뿐 아니라 다윗의 은인이기도 했다. 당시 다윗은 순간적으로 분노로 가득 차 있었기 때문이다. 만약 아비가일이 아니었다면 다윗은 살인자요 약탈자가 되었을 것이다. 아비가일은 다윗에게 하나님을 일깨워 주었다. 다윗이 하나님과의 관계를 다시 회복하도록 도우면서, 자신이 누구이며 무엇을 하며 살아야 하는지를 깨닫게 해 주었다. 다윗이 힘써 싸워야 할 싸움이 무엇인지도 알려 주었다. 그리고 하나님의 방법과 시간을 알려 주었다. 다윗의 정체성도 회복시켜 주었다. 아비가일이 아니었다면 다윗도 나발처럼 어리석은 자가 되었을 것이다. 다행히 다윗은 나발과는 달리 들을 귀가 있었다.

아비가일의 지혜로 파국으로 치닫던 이야기가 해피엔딩으로 끝나게 되었다. 다윗은 아비가일의 손에서 음식을 받고 용서하고 화해하고 돌아갔다. 반면, 그때 나발은 잔치를 벌이고 술에 취해 있었는데, 다음 날 아비가일로부터 일의 자초지종을 듣고 두려움에 몸이 굳어져 10일 뒤에 여호와의 치심으로 죽게 되었다. 다윗은 과부가 된 아비가일을 아내로 맞아들였다.

아비가일의 리더십

사무엘상 25장의 주인공은 나발도 다윗도 아닌 아비가일이다. 결국 그녀를 통해 화평을 이루게 되었다. 이 과정에서 아비가일의 성품이 중요한 역할을 했다. 아비가일에게는 사람과 하나님의 역사를 보는 눈이 있었다. 다윗을 보는 정확한 눈도 있었다. 그녀는 하나님께서 다윗을 이스라엘의 지도자로 세우셨음을 알았다. 그래서 왕으로 세움 받았을 때 후회하거나 흠이 될 만한 일을 행해서는 안 된다고 지적하면서 다윗에게 미래 지향적인 결단을 하라고 조언할 수 있었다. 아비가일은 다윗에게 하나님의 말씀을 전하는 여선지자 같은 역할을 한 것이다. 다윗에게 자신을 위한 싸움이 아니라 하나님의 싸움을 싸우라는 비전을 주었고, 승리의 확신도 주었다. 아비가일은 다윗에게 음식뿐 아니라 마음을 위로하면서 미래에 대한 소망을 주었다. 아마도 아비가일을 통하여 다윗의 상한 마음이 치유되었을 것이다. 분노는 결코 분노로 해결되지 않는다.

아비가일은 이 과정에서 다윗과 그 공동체를 전인적으로 치료해 주었다. 우선 육체적으로 치료해 주었다. 아비가일은 많은 음식을 공급함으로써 다윗과 추종자들의 육적 필요를 채워 주었다. 다음은 정신적으로 정서적으로 치료해 주었다. 아비가일은 나발의 모욕으로 인해 상처 난 다윗과 부하들의 마음을 다독여 주었다. 잘못한 것은 나발이라고 인정해 주었다. 그녀의 말로 인해 다윗과 함께 하는 자들은 "여호와의 싸움", 즉 성전을 수행하는 하나님의 사람들로 격상되었다. 아비가일은 나발의 이름을 풀어냄으로써 다윗과 추종자들의 치솟는 분노를 잠재웠다. 또한 아비가일은 다윗과 공동체를 향해 하나님의 사명을 다시 회복시켜 주었다. 하나님 안에서 비전을 확고하게 해 주었다.

아비가일은 남편의 잘못을 자신이 대신 사죄하였고, 화해하여 평화를 만들고자 노력하였다. 어리석은 남편 대신 자신이 집안의 가장으로서 역할을 다하려 했다.

"내 주여 원하건대 이 죄악을 나 곧 내게로 돌리시고 … 여종은 내 주께서 보내신 소년들을 보지 못하였나이다"(삼상 25:24-25).

아비가일은 하나님의 관점에서 진정으로 옳은 것, 즉 진리를 선택했다. 아비가일은 '누가 내 편이냐' 보다 '누가 옳으냐'를 생각하고 행동하였다. 지금 우리나라 정치는 진영 논리에 빠져 있다. 상대방의 의견은 무조건 틀리고, 자신들의 의견만 옳다고 한다. 그래서는 협상이 될 수가 없다. 우리가 회의(會議)를 하다가 회의(懷疑)가 드는 것은 의견과 사람을 구별하지 못하기 때문이다. 의견을 반대하면 그 사람을 반대하는 것으로 받아들인다. 그 사람이 싫으면 그의 발언 모두를 거부한다. 남편이기 때문에 무조건 옳다고 두둔하는 것은 같이 망하는 길이다. 아비가일은 일방적으로 남편을 편들지도 않았고, 변호하지도 않았다. 그렇다고 다윗의 행동을 무조건 옹호한 것도 아니었다.

아비가일은 다윗의 복수하려는 태도가 잘못 되었다고 짚어 주었다. 이는 "복수하는 것이 내게 있으니 내게 맡기라"고 하신 여호와의 말씀을 위반하는 것이며 복수하는 권리를 하나님으로부터 찬탈하는 일이다. 그녀는 남편만이 아니라 다윗까지 위하고 있다는 진정성을 보여 주었다.

상생의 지혜

아비가일의 지혜는 나발의 가문도 살리고 다윗도 살리려는 의도에서 시작되었고 마침내 그 열매를 거두었다. 그녀의 개입으로 공존공영을 달성했다. 아비가일의 지혜로운 행동은 나발의 배은망덕한 행위뿐만 아니라 복수심에 가득 찬 다윗의 행위까지도 부끄럽게 한 것이었다. 아비가일은 다윗보다 지혜로운 사람이었다. 이 사건에서 진정한 리더는 아비가일이었다. 나발의 재산권 수호와 다윗의 복수심 사이에서 무엇이 진정한 용기인지를 보여 주었다. 평면적이고 단편적이며 즉흥적이고 근시안적인 인간의 방책을 입체적이고 종합적이면서 거시적이고 창의적인 대안으로 풀어 갔다.

아비가일의 지혜는 어리석은 남편의 생명을 보전할 뿐 아니라 다윗도 오명을 쓰게 될 가능성으로부터 예방해 주는 행동으로 나타났다. 남편의 생명도 구하고 다윗도 불명예에서 구했다. 결국 아비가일은 '윈윈'(Win-win)의 해결 방식으로 모든 이에게 파멸보다는 생명을 불러왔다. 아비가일은 신앙적인 안목으로 '나발이냐 다윗이냐' '복종이냐 대항이냐' '죽느냐 사느냐'라는 양자택일을 넘어 새로운 대안을 열어 보였다. 둘 중 하나를 버리는 대신 함께 어울려 시너지를 내는 창조적 공존을 가능하게 한 것이다. 이런 경우 개별적인 행동보다는 성품에 더 강조점이 주어져 있다. 아비가일의 지혜는 용기와 신중, 그리고 정의와 중용을 실제의 상황 속에서 구체적으로 분별할 수 있게 해 주었고, 상충하는 가치 가운데서 창조적인 대안을 찾아가는 길을 분명하게 제시해 주었다.

한국인에게는 상생(相生)의 관념이 부족한 듯 싶다. 이판사판의 상황이 벌어지면 중국에서는 "너 죽고 나 살자"라고 하지만 한국에서는 "너 죽고 나 죽자"라고 한다. 아이들 키울 때 평소에 하는 교훈의 말을 보면, 미국에서는 "남에게 나누어 주라", 일본에서는 "남에게 폐 끼치지 말라"고 하는 반면, 우리는 "남에게 기죽지 말라"고 한다. 우리에겐 상생의 마음이 부족하다. 리더는 상생의 리더십을 길러야 한다.

승패의 관점에서 '나와 남의 관계, 다른 사람을 대하는 우리의 태도'는 다음 네 가지로 분류할 수 있다.

첫째, 승/패(Win Lose)의 태도

"나는 살고 너는 죽고"라는 식이다. 권위주의, 경쟁의식, 비교의식, 제로섬 게임(Zero-Sum Game), 법정 소송, 결혼생활 불화, 서열 다툼, 진영 논리에 빠져 있는 여론 등이 바로 이런 정신 상태를 지니고 있다고 할 수 있다. 성경에서 찾으면 가인이 아벨을 죽인 것, 야곱이 에서를 속인 것, 사울이 다윗을 쫓아다니면서 죽이려 한 것이다. 이 심리 상태는 한마디로 극단적인 이기주의와 경쟁의식의 발로이다. 이런 마음이 사회를 지배하면 '만인의 만인에 대한 투쟁 상태'가 될 것이다. 경쟁의식은 99%를 패배자로 만든다. 상위 1%만이 모든 것을 차지하게 된다. 그러나 승리한 1%도 행복할 수 없다. 언제 잃을지 모르기 때문에 긴장의 연속이다. 그들은 나중에 허탈과 무의미성을 경험하고 상실할 것에 대한 불안감에 싸이게 된다. 승패의 마음은 결국 모든 사람을 패배자, 불행한 자로 만든다.

둘째, 패/승(Lose Win)의 태도

"나는 죽고 너는 살고"라는 식이다. 어찌 보면 자신을 희생해 남의 승리를 추구한다는 점에서 숭고한 듯하지만 실상은 그렇지 않다. 패배주의, 과잉 허용, 방관, 자포자기, 열등의식, 좌절, 자학, 자살 등이 그렇다. 이런 정신 상태를 지니고 있는 사람은 자신의 생각을 용기 있게 표현하지 못하며 자기의 감정을 묻어 두다가 결정적인 순간에 부정적이고 격렬하게 표출한다. 따라서 이런 사람은 극심한 스트레스, 심혈관 질환, 분노, 실망, 환멸, 냉소주의에 빠지기 쉽다.

셋째, 패/패(Lose Lose)의 태도

"너 죽고 나 죽자"는 식이다. 물귀신 작전이라고 할 수 있다. 갈등과 전쟁의 철학, 원한, 복수, 공멸의 마음가짐이다. 우리 속담에 "못 먹는 감 찔러나 본다"가 있는데 이것이 바로 그 마음을 표현한 것이다. 배 밑에 구멍이 나서 물이 들어오는데, 침몰하는 배에서 서로 싸우는 꼴이다. 이런 정신 상태의 사회 속에서는 그 누구도 유익을 얻을 수 없다.

수박 농사를 하는 어떤 농부가 수박 서리가 심해지자 묘안을 짜냈다. 그는 수박 밭의 입구에 이런 푯말을 붙였다.

"수박 중 하나에 농약이 들어 있음."

농약이 들어 있다는데 어떤 서리꾼이 감히 서리를 하겠는가? 그래서 서리꾼들은 포기하고 돌아가면서 그 푯말을 이렇게 고쳐 놓았다.

"두 개의 수박에 농약이 들어 있음. 하나는 주인이 넣었고 다른 하나는 우리가 넣었음."

결국 주인은 그해 수박 농사를 포기하고 갈아엎어야 했다. 모든 사람이 다 실패자가 된 것이다. "피차 물면 멸망할까 조심하라"는 성경 말씀과 같다.

어떤 사람이 벤츠를 중고로 내놓으면서 1달러의 가격표를 붙였다. 지나가는 사람들은 그 말을 믿지 않았다. 꼼수가 있거나 차가 불량일 것이라고 생각했다. 그런데 한 사람이 속는 셈치고 그 벤츠를 샀다. 거래를 다 마친 뒤에 너무 궁금하여 무슨 사연으로 차를 그렇게 싸게 파는지 물었다. 알고 보니 그 판매자는 이혼자였는데, 이혼

법정의 판결문에 따르면 모든 재산을 "반반 나누라"해서 그렇게 했다는 것이다. 죽고 못 살아 결혼을 했는데 죽어도 못 사는 관계가 되자, 아내에게 돈을 주기 싫어서 그렇게 가격을 매긴 것이었다. 참으로 어리석은 결정이다. 그런 결정을 하게 된 것은 '패/패의 태도'를 갖고 있었기 때문이다.

넷째, 승/승(Win Win)의 태도

"너도 살고 나도 살고"라는 마음이다. 자신도 승리하고 상대방도 승리해야 한다는 상생의 태도이다. 이런 태도를 가진 사람은 치열한 경쟁 속에서도 공존할 창조적 방안을 모색한다. 이는 블루오션 전략, 상호승리의 철학, 제3의 대안, 상호의존적 마음, 협상과 타협 등으로 묘사될 수 있다. 개방적, 합리적, 화합적 정신으로 협력의 장을 창출한다. 그리하여 성공적인 팀을 이끌고 모든 협상의 대상자가 성공하도록 돕는다. 요셉이 이런 리더십을 구현했는데, 형들에 의해서 자행된 일을 만민을 구원하려는 하나님의 섭리로 보고 화해하고 위로하고 격려했다. 그리하여 자신도 복을 받고 형제들도 복을 받았다.

상생을 위한 마음가짐을 위해서는 몇 가지 내적 자질, 즉 분명한 비전, 자발성, 안정감, 지혜, 유연성이 필요하다. 무엇보다 '승/승의 태도'는 '풍요의 심리'에서 비롯된다. '결핍의 심리'는 경쟁을 심화시킬 뿐이다. 세상은 풍요로우며 모든 사람이 나누어 가질 만큼 풍족하다는 의식이 필수적이다. 또한 '승/승의 패러다임'을 위해서는 높은 수준의 용기와 배려가 필요하고, 그 용기와 배려 사이의 균형이 필요하다. 용기가 많지만 배려가 부족하면, 강하지만 이기적이 되어, 승/패의 마음가짐을 가질 뿐이다. 반대로 배려가 많지만 용기가 부족하면, 이타적이지만 약하여, 패/승의 태도가 된다(『성공하는 사람들의 7가지 습관』, 스티븐 코비 참고).

이동하는 기러기는 역 브이(V)자 형태로 날아간다. 이것은 맨 앞의 기러기가 바람을 일으켜서 뒤따르는 기러기가 힘을 아끼도록 해 주어 71%나 더 멀리 비행하게 해 준다고 한다. 뿐만 아니라 기러기는 조용히 날아가지 않는다. 시끄러운 소리를 내며 날아간다. 그것은 서로가 서로를 응원하고 격려하는 소리라고 한다. 그렇게 기러기들은 서로를 도우며 매년 수천 킬로미터를 이동하면서 생존한다. 우리도 이러한 상생의 지혜를 기러기로부터 배워야 한다.

신약에서는 교회를 '한 몸'으로 비유하면서 서로 상호 의존관계임을 강조하고 있다. 한 지체는 다른 지체를 필요로 하며 다른 지체의 유익을 위해서 기능해야 한다는 것이다. 하나님께서 약한 지체에 존귀를 더하셔서 몸의 균형을 맞추시고 분쟁이 없게 하신다. 우리 모두 상생의 마음을 품고 살아가야 한다. 바로 지금이 가정, 교회로부터 상생의 리더십을 확장해 나가야 할 때이다.

PART 9

포용의 리더십

포용하는 리더에게는 세상을 변화시키는 힘이 있다

창세기 45:3-8 ³요셉이 그 형들에게 이르되 나는 요셉이라 내 아버지께서 아직 살아 계시니이까 형들이 그 앞에서 놀라서 대답하지 못하더라 ⁴요셉이 형들에게 이르되 내게로 가까이 오소서 그들이 가까이 가니 이르되 나는 당신들의 아우 요셉이니 당신들이 애굽에 판 자라 ⁵당신들이 나를 이 곳에 팔았다고 해서 근심하지 마소서 한탄하지 마소서 하나님이 생명을 구원하시려고 나를 당신들보다 먼저 보내셨나이다 ⁶이 땅에 이 년 동안 흉년이 들었으나 아직 오 년은 밭갈이도 못하고 추수도 못할지라 ⁷하나님이 큰 구원으로 당신들의 생명을 보존하고 당신들의 후손을 세상에 두시려고 나를 당신들보다 먼저 보내셨나니 ⁸그런즉 나를 이리로 보낸 이는 당신들이 아니요 하나님이시라 하나님이 나를 바로에게 아버지로 삼으시고 그 온 집의 주로 삼으시며 애굽 온 땅의 통치자로 삼으셨나이다

하 나 님 의   리 더 십   세 우 기

　한국교회는 다가올 10년을 준비해야 한다. 이제 교회의 양적인 성장의 한계를 인정하고, 갱신의 목회를 추구해야 한다. 영성의 수준을 높이고, 목회자의 자질을 구비하고, 교회 교육의 수준을 높여야 한다. 이제 교회나 교인들만의 잔치를 멈추고, 사회와 지역 사회로 소통을 확대해 나가야 한다. 이제 한국교회의 잔치는 끝났다. 고통과 괴로움이 시작되고 있다. 설사 지금 부흥하고 있는 개교회가 있다 하더라도 계속 갱신되어야 한다. 교회 갱신을 위해서는 먼저 리더십이 올바르게 서야 한다. 창세기에 나오는 요셉을 통해 현 시대에 꼭 필요한 리더십이 어떤 것인지를 알아보자.

　바로가 몽조(夢兆)가 있는 꿈을 꾸었을 때, 그는 꿈에 특별한 의미가 있을 것이라고 예감했다. 첫 번째 꿈은 아름답고 살진 일곱 암소가 강가에 올라와 갈밭에서 뜯어 먹고 있는데, 그 뒤에 흉하고 파리한 다른 일곱 암소가 나일 강가에서 올라와 함께 있다가 아름답고 살진 일곱 소를 잡아먹는 꿈이었다. 두 번째 꿈은 한 줄기 무성하고 충실한 일곱 이삭이 나왔는데, 그 뒤에 가늘고 동풍에 마른 일곱 이삭이 나와 무성하고 충실한 일곱 이삭을 삼키는 꿈이었다. 바로는 번민했지만 어떻게 해야 할지 몰랐다. 그 꿈이 무엇을 의미하는지 해몽하지 못하니 대책도 세울 수가 없었다. 바로뿐 아니라 신하들도, 세상의 지혜 있다는 자들도 아무도 해몽하지 못했다. 꿈을 해몽할 만한 자를 수소문했지만 찾을 수도 없었다.

그러나 이런 위기가 누군가에게는 기회가 된다. 하나님이 예비해 놓으신 사람에게는 말이다. 요셉은 보디발 친위대장의 집안 감옥에서 바로의 술 맡은 관원장과 떡 굽는 관원장의 꿈을 해몽해 주어 적중한 적이 있었다. 하지만 술 맡은 관원장은 해몽대로 복직된 뒤에 요셉을 잊어버리고 말았다. 그런데 바로 이때 요셉을 떠올리게 되어 그를 부르게 되었다. 낭중지추(囊中之錐), 주머니 속에 있는 송곳을 숨길 수 없듯이 이 세상은 준비된 자에게 언젠가 기회를 준다. 이것이 우리가 하나님 안에서 실력을 쌓으며 준비해야 하는 이유이다. 문제의 해답을 가지고 있으면 감옥에라도 사람이 찾아오게 된다. 문제는 우리가 이 시대에 대한 답을 가지고 있느냐이다.

요셉은 감옥에서 술 맡은 관원장이 복직되어 감옥을 나간 지 2년이 지나도록 꿈을 해몽하던 때의 영성을 잃지 않았다. 하나님의 성령에 사로잡혀 있는 상태를 유지하고 있었다. 아니, 더욱 더 강화되었을 것이다. 감옥에서 요셉은 분노와 원망으로 허송세월하지 않았다. 부지런히 영성을 닦고 자신의 마음을 신앙과 경건으로 충만하게 채웠다. 그리고 드디어 온 세상에 흑암이 드리워졌을 때, 만민 위에 찬란하게 빛을 비추는 빛으로 드러나게 되었다.

"일어나라 빛을 발하라 이는 네 빛이 이르렀고 여호와의 영광이 네 위에 임하였음이니라 보라 어둠이 땅을 덮을 것이며 캄캄함이 만민을 가리려니와 오직 여호와께서 네 위에 임하실 것이며 그의 영광이 네 위에 나타나리니 나라들은 네 빛으로, 왕들은 비치는 네 광명으로 나아오리라"(사 60:1-3).

사람들은 하나님의 성령에 사로잡힌 사람 요셉을 데려왔고, 그는 바로에게 세상을 구원할 수 있는 하나님의 지혜를 베풀었다. 나는 이 세상이 영적인 리더십을 요구하는 시기가 올 것을 확신한다. 그때를 위해 우리는 요셉처럼 준비하고 있어야 한다.

우리는 바로 앞에 선 요셉의 말을 통해 고난의 기간 동안 그가 품고 살았던 생각이 무엇인지를 엿볼 수 있다. 비록 요셉은 파란만장한 삶을 살았지만 분명한 역사철학을 가지고 있었다. 그것은 하나님의 섭리사관이다. 하나님이 인간과 자연의 역사를 주관하신다는 것이다. 요셉은 운명이 아닌 하나님의 뜻을 따라 살았다. 자신이 할 수 있는 최선을 다 하되 결국은 하나님께 맡겼다. 사실 요셉은 아버지 집에 살았을 때, 놀라운 꿈을 꾸었다. 자신의 볏단은 일어서고 형제들의 볏단은 자신의 볏단을 향해 절을 하는 꿈, 해와 달과 11개의 별이 자신의 별에게 경배하는 꿈이었다. 비록 요셉은 그 꿈 때문에 고난을 당하게 되었지만, 꿈을 주신 하나님이 그 꿈을 이루실 것을 믿었다. 그 꿈을 이루기 위해 스스로 모략을 꾸미기보다는 하나님께 온전히 맡겼다.

그 꿈이 이루어지는 과정에서 요셉은 많은 상처를 받았다. 형들에게 미움을 받아 구덩이에 처박히고, 결국 아라비아 상인들에게 은 20냥에 팔렸다. 그때 형들에게 얼마나 울며 애원했겠는가? 살려 달라고, 잘못했다고, 다시 한 번 기회를 달라고 하지 않았겠는가? 형들에게 매몰차게 거절당하고 외국 상인들에게 노예로 팔릴 때, 어린 마음에 얼마나 상처를 받았겠는가? 버림받음, 분리됨, 상실감, 외로움, 억울함, 슬픔, 두려움…. 보디발 친위대장의 집에서 열심히 일했을 때도 그랬다. 보디발의 아내에게 성폭행범으로 몰려 감옥에 갇혔을 때는 또 얼마나 실망스럽고, 억울하고, 분하고, 사람의 교활함에 치를 떨었겠는가! 일말의 기대를 걸었던 술 관원장이 하루 이틀이 지나고 한 달 두 달이 지나도 감감무소식일 때는 그 실망감, 서운함, 답답함, 조급함이 얼마나 더 했겠는가!

바로에게 부름을 받기 직전의 요셉은 노예요 죄수였으며 인생막장에서 최악의 상황에 직면한 사람이었다. 얼마든지 인간성을 상실하고, 냉엄한 현실 가운데 강퍅해져 있을 법한 상황이었다. 하지만 요셉은 하나님을 의지했고, 자신의 순전함을 지켜냈다. 고난 중에 있던 욥이 자신의 순전함을 지킨 것에 비견될 것이다.

때가 되었을 때, 하나님은 바로에게 꿈을 꾸게 하셨고 술 관원장에게 요셉을 떠올리게 하셨다. 요셉과 헤어진 지 만 2년이 지난 시점이었다. 요셉은 그렇게 해서 어두운 감옥에서 화려한 궁전에 서게 되었다. 요셉은 자신에게 해몽 능력이 있는 것이 아니라, 꿈을 주신 하나님께서 해석도 내신다고 겸손하게 말했다. 그리고 바로가 꾼 두 꿈은 하나이며 분명한 메시지를 가지고 있다고 말했다. 그는 하나님의 영에 감동하여 바로 앞에서 그의 꿈을 해몽하였는데, 그 요지는 다음과 같다.

"앞으로 7년 동안 풍년이 찾아오지만 뒤따라 7년간의 대흉년이 찾아오게 될 것입니다. 흉년의 파괴력은 엄청나서 앞의 7년 풍년의 모든 결실을 다 소진시키고 땅과 거민을 황폐하게 만들 것입니다. 하나님께서 이 일을 작정하시고 변치 않으심을 보이기 위해 꿈을 겹쳐 꾸게 하신 것입니다. 앞으로 풍년 기간 동안 잘 준비하여 대비하면 흉년 기간 동안 목숨을 보존하게 될 것입니다."

문제를 알면 대책을 세우는 것이 쉬워진다. 이로 인해 요셉은 약관의 30세에 애굽의 총리가 되었다. 고난의 생활 13년에 외국인이요, 종의 신분이었던 사람이 일국의 총리로 발탁된 것이다. 그야말로 파격적인 인사였다. 총리가 된 요셉은 14년을 예측하고 철저하게 준비했다. 풍년의 때에 흉년을 준비했다. 우리도 풍년의 때에 흉년을 대비해야 한다. 잘나갈 때에 흥청망청하지 말고 어려울 때를 대비해야 한다. 요셉은 결국 자신과 가문, 나라와 많은 백성을 구한 인물이 되었다. 요셉은 자신의 지난 13년의 인생 흉년을 통해 많은 사람을 풍요롭게 하는 사람이 되었다. 이처럼 하나님은 어려울 때에 좌절하지 않고 준비하는 사람을 통해 새 일을 행하신다. 이런 요셉을 알아보고 등용한 바로는 인재경영을 한 것이다. 요셉 한 사람이 몇 백만 명을 먹여 살리는 경영이다. 미래는 하나님 안에 있고, 하나님은 준비된 사람에게만 지혜를 주셔서 예비하게 하신다.

요셉처럼 흉년을 대비하기 위해 창고를 짓고 양식을 비축하는 것은 옛날 방식이다. 요즘 시대라면 미래의 성장 동력, 신규 프로젝트를 찾아 부지런히 투자했을 것이다. 현대는 축적의 시대가 아니라 소통의 시대이기 때문이다. 사람과 사람 사이를 연결하고, 물류를 소통하는 일을 통하여 새로운 가치를 창출해 낸다. 시대의 흐름이 빨라져서 오늘 융성한 산업이 내일은 사양산업이 될 수 있다. 산업의 주기도 빨라지고 있기에 성장할 때에 미래의 먹거리를 찾는 노력을 게을리해서는 안 된다.

삼성전자, 현대자동차의 현금성 자산 보유액 총액이 84조 원이라고 한다(2014년 기준). 세분해서 보면 삼성전자 60조, 현대자동차 24조이다. 그전보다 3배 증가한 금액이다. 이것은 대기업이 새로운 사업에 투자하거나 연구개발에 자금을 투입하지 않았다는 것을 의미한다. 현금을 많이 쌓아 둔다고 해서 기업이 안전하다는 보장은 없다. 미래학자들은 한국이 성장 한계, 종신고용 붕괴, 저출산, 고령화, 재정적자, 경제성장률 저하, 부동산 거품 붕괴 등으로 인해 2020년 이후 장기 불황에 빠질 가능성이 크다고 예측하고 있다. 10, 20년 이내에 국내 30대 그룹 중 15개가 사라질 것으로 전망하고 있다. 그러기에 우리는 현재 갖고 있는 자원을 투자하여 새로운 산업을 적극적으로 찾는 노력을 기울여야 한다. 신성장 동력을 찾지 못하고 쌓아 두기만 한다면 그 기업은 역사의 뒤안길로 사라지게 될 것이다.

물론 요셉의 시대에는 풍년의 열매를 비축해 두는 것이 현안이었고, 이를 위한 행정체계를 구축하는 것은 도전적인 프로젝트가 되었을 것이다. 그는 애굽 전역의 적재적소에 국가비축창고를 신설하고, 비축과 관리에 대한 행정체계를 고안하고 정비했을 것이다. 애굽 역사에 없던 전국적 규모의 물류 시스템을 완성했을 것이다.

포용의 리더십

요셉을 위대하게 하신 하나님의 근본적인 뜻은 애굽이나 전 세계 만민의 육신적 보존이 아니었다. 창세기의 관심은, 구원사라는 관점에서 아브라함과 언약을 맺은 하나님께서 "어떻게 이 거친 세상 가운데 아브라함의 후손들을 보존하시고 번성하게 하시는가?"였다. 전 세계를 휩쓴 기근 가운데 아브라함과 야곱의 후손이 소멸되지 않고 하나님의 은혜 안에 보존될 것을 보여 주고 있다. 요셉의 이야기는 하나님의 신실하심을 드러내는 것이다. 하지만 요셉이 애굽의 총리가 되는 과정에는 가족 간의 알력이 있었고, 또한 원한이 있었다. 큰 선을 위해서 작은 악을 허용하시고 사용하신 하나님께서 이제 그 갈등을 봉합하셔야 했다. 이 일에 요셉이 사용된 것이다. 요셉을 그렇게 훈련하셨기 때문이다. 그래서 요셉은 위기에 빠진 가족을 구하기에 앞서 먼저 형들과 화해를 했다. 위에 있는 자가 낮은 자에게 화해의 손을 내밀어야 한다. 피해자가 가해자를 용납해야 한다. 이런 원리에 따르면 결국 형제를 포용하고 용서할 수 있는 자는 요셉밖에 없었다. 요셉은 총리로 영달한 뒤에 개인적인 원한을 갚지 않았다.

현재의 한국사회를 보면 편견, 독선, 교만, 배타, 배제, 정죄, 우월감, 편 가르기, 경쟁, 이기주의가 횡행한다. 선거 때마다, 사건 사고가 날 때마다, 사람을 세울 때마다 이런 경향이 두드러지게 나타나고 있다. 정치가, 부끄럽게도 기독교가, SNS가 그렇게 만들고 있다. 하지만 원래 우리 문화는 그렇지 않았다. 우리 문화는 보자기, 책보, 상추쌈, 김밥, 비빔밥 등처럼 다양한 요소를 한데 어우러지게 만드는 포용의 문화였다. 너그럽게 감싸주거나 받아들이고 덮어 주었다. 우리에게 절대적으로 필요한 것은 이런 고유한 문화를 바탕으로 이해, 관용, 겸손, 인정, 배려, 용서, 수용, 용납, 통합, 상생하는 문화를 창출하는 일이다. 우리에게는 이런 지도자가 필요하다. 이런 정신을 구현할 참된 어른이 각계각층에 있어야 한다. 배제의 리더십이나 독단의 리더십이 아니라 포용의 리더십이 필요하다.

언젠가 저녁에 아내와 함께 운동을 마치고 돌아왔는데 문 앞에 과일 바구니가 놓여 있었다. 메모를 보니 "1406호"라고 적혀 있었다.

처음에는 "우리 집이 아닌데…" 하면서 잘못 배달된 물건인 줄만 알았다. 그런데 문득 "1406호"가 수령자가 아니라 발송자일 수도 있겠다는 생각이 들었다. 바로 전 주 월요일, 관리실에서 어느 분이 차를 빼다가 아내의 차를 받아 흠집을 냈다고 연락이 왔다. 가서 살펴보니 앞 범퍼에 약간 흠이 나 있는 상태라 아내는 괜찮다고 말했다고 한다. 그런데 사고를 낸 분이 상품권을 가지고 집으로 찾아왔다. 아내는 정중히 거절했는데, 그날 저녁에 과일 바구니를 두고 간 것이다. 이처럼 포용은 사람을 감동시키는 힘이 있다.

용서한다는 것, 포용한다는 것은 말처럼 쉬운 것이 아니다. 더욱이 자신은 무죄한데 애매하게 고난을 당하면 복수를 하고 싶어진다. 이것이 인간의 기본적인 정서이다. 요셉은 열일곱 살에 노예로 팔려 가 13년 동안 고생했다. 수년간 누명을 쓰고 감옥생활을 했다. 비전으로 인해, 도덕적 순결을 지키기 위해 무고하게 고난을 받았기에 아마도 용서하기가 더 힘들었을 것이다. 타락한 인간의 본성으로는 용서가 불가능하다. 오죽하면 예수님께서 일흔 번씩 일곱 번 용서하라고 명령하셨겠는가. 이것은 단순히 산술적으로 490번 용서하라는 의미가 아니다. 우리에게 그렇게 많이 죄를 짓는 사람은 없다. 이 말씀의 의미는 우리가 한 가지 악한 일을 당하면 보복하고 싶은 마음이 수없이 떠오른다는 것이다. 용서한 것 같아도 다시 생각이 나서 용서가 되지 않는다. 결국 우리는 490번을 용서한다고 결심해야 한 가지를 용서할 수 있는 존재인 것이다.

요셉의 형들이 양식을 구하기 위해 애굽으로 왔다. 요셉이 동생인지도 모른 채 양식을 사고 있다. 헤어진 지 22년만의 만남이다. 요셉은 형들을 알아보았지만, 형들은 그렇지 못했다. 이때 요셉은 만감이 교차했을 것이다. 사랑과 미움이 엎치락뒤치락했을 것이다. 더욱이 형들은 태평해 보이기까지 했다. 이는 우리 현실에도 마찬가지이다. 잘못을 저지른 사람은 상대방의 고통을 알지 못한다. 자신이 얼마나 나쁜 짓을 했는지도 모른다. 누구에게 피해를 입혔는지도 모른다. 자신 때문에 누군가가 얼마나 큰 고통 속에 살아가는지도 모른다. 반면 고통을 받은 사람은 그 상처를 끌어안고 평생을 살아간다. 시간이 약인지라 세월의 흐름 속에 아픔이 덜해지기도 하지만, 어떤 고통은 무뎌지지 않고 덮이기만 한다. 그러다가 발작적으로 분출되기도 한다. 요셉은 그동안 용서한다고 했고, 또한 용서한 듯싶었을 것이다. 하지만 상대가 없는 상태에서 머릿속으로만 한 용서였을 수도 있다. 이제 그 상대가 눈앞에 있다. 요셉은 완전한 용서를 위해 새로운 용기와 결단이 필요하다.

　요셉이 형들을 만나는 기사 속에는 우는 이야기가 많이 나온다. 요셉은 눈물로 용서한 사람이다. 울어야 치유된다. 애도의 시간도 필요하다. 요셉의 이야기는 꿈의 성취뿐 아니라 상처의 치유 이야기이기도 하다. 상처를 치유 받은 자만이 남도 치유하고 위로할 수 있다.

"당신들이 나를 이곳에 팔았다고 해서 근심하지 마소서 한탄하지 마소서 하나님이 생명을 구원하시려고 나를 당신들보다 먼저 보내셨나이다"(창 45:5).

"하나님이 큰 구원으로 당신들의 생명을 보존하고 당신들의 후손을 세상에 두시려고 나를 당신들보다 먼저 보내셨나니 그런즉 나를 이리로 보낸 이는 당신들이 아니요 하나님이시라"(창 45:7-8).

요셉이 대단해서 용서한 것이 아니었다. 그랬다면 후에 변했을 것이다. 또한 아버지 야곱을 봐서 용서한 것도 아니었다. 그것은 불안하고 온전하지 못한 용서이다. 그는 하나님 때문에 용서한 것이었다. 용서는 곧 승리이다. 원수 갚는 것이 승리가 아니라, 용서와 포용이 승리이다. 요셉은 악을 선으로 갚고 선으로 악을 이겼다. 바로 이것이 복음이다. 요셉이 꿈을 이루었다는 내용은 세상에서도 흔히 볼 수 있는 성공이다. 하지만 요셉이 형들을 용서했다는 것은 복음이다. 요셉과 형들의 이야기는 포용하는 것으로 매듭을 짓는다.

포용력은 곧 능력이다. 포용력은 상대를 변화시키는 힘이요, 사람들을 움직이는 힘이다. 포용력은 그것을 지닌 사람으로 하여금 이 세상을 운영할 수 있는 힘을 부여한다. 그릇이 큰 사람에게 권력이 주어지면 많은 사람을 이롭게 하지만, 그릇이 작은 사람에게 주어지면 비극을 초래한다. 요셉은 바로가 총리를 시켜줘서 총리가 된 것이 아니다. 그동안 자신의 그릇을 키워왔기에, 즉 포용할 수 있는 힘을 키워왔기에 총리가 된 것이다. 그릇이 되지 않으면 지위를 주어도 얼마 가지 못 하거나 그 지위를 유지할 수가 없다. 따라서 우리는 지위를 구하지 말고 그릇을 키워야 한다. 엘리사의 말에 따라 가난한 생도의 아내는 할 수 있는 만큼 그릇을 빌렸고, 딱 빌린 만큼 기름이 채워졌다. 그 그릇은 기대이며 포용력이다. 복은 준비된 그릇의 분량만큼 받는 것이다. 우리는 포용의 그릇을 더욱 크게 해야 한다.

요셉의 포용력은 고난의 결과물이었다. "성공은 지위를 높여 주지만, 실패는 그릇을 크게 해 준다"(신용복 교수). 요셉은 험한 인생을 통하여 하나님이 살아 계신 것을 알았다. 하나님의 역사를 목격했기에 너그러운 사람, 포용할 줄 아는 사람이 되었다. 욥기도 신정론보다는 욥의 성장과 성숙의 측면에서 보아야 한다. 욥은 시련을 통하여 더욱 포용할 줄 아는 성품의 사람이 되었다. 요셉도 고통을 아는 사람, 고난당하는 사람들을 이해하는 사람, 어려움 당한 사람을 품는 사람이 되었다. 만일 요셉이 어려움 속에서 좌절하고, 상처받고, 완악하고, 분노하며, 원망하는 생활을 했다면, 자기만 아는 사람, 원한을 품은 사람이 되었을 것이다. 마음에 쓴 뿌리가 있는 사람이었다면 피비린내 나는 일들이 벌어졌을 것이다. 그러나 요셉은 이 모든 것을 극복했고 포용했다. 그래서 더 훌륭하다. 요셉이 정말로 형제들을 용서했음은 아버지 야곱이 죽은 뒤에 한 말에서 확인할 수 있다. 방패막이인 야곱이 죽자, 요셉이 복수하리라 생각하고 두려워 떠는 형제들에게 그는 간곡한 말로 위로했다.

"당신들은 나를 해하려 하였으나 하나님은 그것을 선으로 바꾸사 오늘과 같이 많은 백성의 생명을 구원하게 하시려 하셨나니 당신들은 두려워하지 마소서 내가 당신들과 당신들의 자녀를 기르리이다 하고"(창 50:20-21).

C.S. 루이스는 "죄는 미워하되 사람은 미워하지 말라"는 말을 두고 고민했다고 한다. "어떻게 악한 행위는 미워하되 그것을 행한 사람을 미워하지 않을 수 있겠는가?" 그러던 어느 날, 그는 우연히 죄는 미워하면서도 죄를 지은 사람을 미워하지 않는 한 사람을 만났다. 그는 바로 '자기 자신'이었다. 자신의 죄를 싫어하면서도 버릴 수 없는 것이 바로 자기 자신이기 때문이다. 용서나 포용은 다른 사람을 나처럼 여기면 가능하다. 역지사지와 공감의 능력이 그래서 중요한 것이다.

포용의 복

포용의 리더 요셉은 많은 복을 받았다. 아마도 하나님께서는 그가 포용할 수 있는 그릇이 되었기에 감옥에서 나오게 하셨을 것이다. 그는 애굽의 총리대신이 되어 그동안 받은 고난을 능가하는 영광을 얻게 되었다. 아브라함과 야곱의 자손을 구원하여 영적인 장자로 우뚝 서게 되었다. 그리고 구원 사역을 이어가는 하나님의 도구로 쓰임 받았다. 이것이야말로 요셉이 받은 큰 복이다. 애굽의 총리가 된 요셉은 장자의 이름을 므낫세라고 지었다. 이것은 과거의 모든 괴로움과 원한을 잊어버리겠다는 그의 고백이 담겨 있는 이름이다. 둘째 아들의 이름은 '에브라임'으로, 과거를 털어 버린 자신에게 번성과 영광이 있을 것임을 예언한 이름이다. 이러한 그의 기대는 헛된 망상이 아니라 사실이었다. 야곱은 죽기 전에 요셉을 극진히 축복하였다.

"요셉은 무성한 가지 곧 샘 곁의 무성한 가지라 그 가지가 담을 넘었도다"(창 49:22).
"그가 네게 복을 주실 것이라 위로 하늘의 복과 아래로 깊은 샘의 복과 젖먹이는 복과 태의 복이리로다"(창 49:25).

포용의 리더십은 많은 사람을 유익하게 한다. 포용의 리더십은 하나님의 섭리를 믿고, 하나님이 모든 것을 합력하여 선을 이루실 것(롬 8:28)을 믿는다. 그래서 용서할 수 있고 포용할 수 있다. 다른 민족까지도, 원수까지도, 고통스러웠던 역사까지도. 그 포용으로 인해 더 큰 선이 이루어진다. 하나님의 역사가 나타난다.

포용의 리더십으로 유명한 사람이 있다. 바로 링컨과 만델라이다. 링컨에게는 언제나 비방을 일삼는 정적이 있었다. 그는 사람들에게 "여러분, 우리는 고릴라를 보기 위해서 아프리카까지 갈 필요가 없습니다. 일리노이의 스프링필드에 가면 고릴라를 볼 수 있습니다"라고 링컨의 외모를 비하할 정도였다. 그런데 링컨은 대통령으로 당선된

후, 그를 국방부 장관으로 임명했다. 참모들이 어떻게 그런 사람을 중직에 앉힐 수 있냐고 물었을 때, 링컨은 이렇게 대답했다.

"이제 그 사람은 적이 아니지 않소. 나는 적이 없어져서 좋고, 더욱이 그가 나를 돕게 될 터이니 얼마나 좋소."

대적까지도 포용하여 자기 사람으로 만든 링컨의 리더십이 그를 위대한 대통령으로 만든 것이라고 생각한다.

7월 18일은 유엔이 정한 '넬슨 만델라 데이'이다. 나는 그를 추모하는 영화 "만델라: 자유를 향한 긴 여정"을 본 적이 있다. 그는 1948년부터 남아공이 채택한 흑백분리 인종차별정책인 아파르트헤이트와 맞서 싸운 투사이다. 이 정책은 흑인의 토지 소유 금지, 백인과의 결혼 금지, 백인 버스에 흑인 탑승금지, 흑인의 노동조합 설립금지, 흑인의 백인 식당 출입금지 등 인권을 유린하는 내용을 담고 있었다. 그는 종신형을 선고받고 27년간 감옥생활을 했는데, 1992년 석방 당시의 나이가 72세였다. 영화를 보면 이런 대사가 나온다.

"자유를 얻기 위해 감방에서 걸어 나와 문을 향해 걸으면서 내 고통과 증오를 이곳에 남겨두고 가지 않으면, 나는 여전히 감옥 안에 갇혀 있게 되리라는 것을 알았다."

만델라는 출옥하면서 그 원한을 감옥에 다 묻어두고 나왔다. 출옥 후에 그는 백인 정부와 협상하여 민주헌법을 만들었고, 인종차별정책을 폐지했다. 1994년, 새로운 헌법에 따라 실시된 선거에서 남아공 최초 흑인대통령이 된 그는 진실과 화해 위원회(Truth and reconciliation commission)를 만들어 백인들을 용서하는 정책을 추구했다. 그는 말한다.

"가장 위대한 무기는 평화이다."
"피부색, 배경, 종교 등의 이유로 다른 사람을 증오하도록 태어난 사람은 아무도 없다."
"인생에서 중요한 것은 삶을 살았다는 것 자체가 아니다. 우리 삶이 다른 이들의 삶에 얼마나 긍정적인 변화를 일으켰느냐이다."
"진정한 자유란, 단지 사슬을 벗어 버리는 것이 아니다. 타인의 자유를 존중하고 보장하는 삶을 사는 것이다."

포용의 리더십은 그 누구보다 예수님에게서 발견할 수 있다. 예루살렘을 향해 가던 중 요한은 "주여, 어떤 사람이 주의 이름으로 귀신을 내쫓는 것을 보고 우리를 따르지 아니하므로 금하였나이다"라고 자랑스럽게 말했다. 그는 칭찬을 기대했지만 예수님은 의외의 반응을 보이셨다.

"금하지 말라 너희를 반대하지 않는 자는 너희를 위하는 자니라"(눅 9:50).

우리는 흑백논리에 입각하여 내 편이 아니면 다 적이라고 생각한다. 하지만 중간층도 있다는 사실을 알아야 한다. 우리는 중간층을 끌어안을 수 있어야 한다. 예수님께서 사마리아 마을로 들어가시려고 할 때, 사마리아인들은 거부했다. 화가 난 제자들은 분노를 터뜨렸지만 예수님은 포용하셨다.

"제자 야고보와 요한이 이를 보고 이르되 주여 우리가 불을 명하여 하늘로부터 내려 저들을 멸하라 하기를 원하시나이까 예수께서 돌아보시며 꾸짖으시고 함께 다른 마을로 가시니라"(눅 9:54-56).

예수님은 간음하다가 잡힌 여인, 세리와 창기, 병자들을 거부하지 않으시고 용납하시고 영접하시고 고치셨다. 예수님은 모든 사람을 포용하셨다. 십자가는 죄인까지도 끌어안는다. 십자가에 달리신 예수님의 편 팔과 손은 곧 포용을 상징하는 것이다.

그 외에도 우리는 성경에서 포용하는 리더십을 많이 발견할 수 있다. 모세는 광야 백성들이 고기가 먹고 싶다면서 종살이 하던 애굽에 대한 향수병이 걸리자 하나님께 불평했다. 그때 하나님께서는 모세의 짐을 담당해 줄 70명을 세워주시겠다고 했다. 정해진 시일에 기명된 사람들이 모여 모세의 중재로 하나님의 영을 받고 예언을 했는데, 엘닷과 메닷은 그 자리에 오지도 않았음에도 불구하고 자신의 처소에서 예언하기 시작했다. 이때 수종자 여호수아가 깜짝 놀라 달려와 엘닷과 메닷의 예언을 금지시키라고 하자, 모세는 포용하는 태도를 보여 주었다.

"네가 나를 두고 시기하느냐 여호와께서 그의 영을 그의 모든 백성에게 주사 다 선지자가 되게 하시기를 원하노라"(민 11:29).

다윗이 사울 왕을 피하여 도피생활을 할 때, 그에게는 사울을 죽일 기회가 두 번이나 있었지만 모두 살려 주었다. 사울은 이 사실을 알고 감격하여 다윗에게 축복의 말을 했다.

"다윗에게 이르되 나는 너를 학대하되 너는 나를 선대하니 너는 나보다 의롭도다"(삼상 24:17).
"사람이 그의 원수를 만나면 그를 평안히 가게 하겠느냐 네가 오늘 내게 행한 일로 말미암아 여호와께서 네게 선으로 갚으시기를 원하노라"(삼상 24:19).
"네게 복이 있을지로다 네가 큰일을 행하겠고 반드시 승리를 얻으리라"(삼상 26:25).

다윗은 사울을 죽일 수 있는 기회가 있었지만, 모든 것을 하나님께 맡기고 그를 포용했다. 원수 갚는 것을 내려놓고 끌어안았다. 그 결과, 적으로부터 축복의 말을 듣게 되었다. 원수까지도 끌어안는 다윗의 포용하는 태도는 말년까지 이어졌다. 압살롬의 반역으로 피신을 가는 중에 사울 왕의 지파였던 시므이가 다윗을 저주하고 악담했을 때도 그 말을 다 수용했다. 다윗은 시므이의 저주가 자신의 죄악으로 인해 여호와께서 시키신 것일 수도 있다고 생각했고, 혹은 그 저주 까닭에 하나님이 자신을 긍휼히 여기셔서 이 환난을 속히 끝내주실 수도 있다고 생각했다.

요셉은 환난을 당했지만 포용의 리더십을 발휘하여 가족을 구원하고 만민을 구원하는 일에 쓰임 받았다. 요셉이 포용의 리더십을 발휘하게 된 것은 그가 겪은 13년간의 고난 때문이었다. 고난은 그 자체로 좋은 것은 아니지만, 우리를 연단하고 마음의 그릇을 키울 수 있는 귀중한 복이 되기도 한다.

에티오피아 소말리족 가운데 전해지는 이야기가 있다. 평화롭던 마을에 아주 덩치가 크고 힘센 괴물이 나타났다. 괴물은 사람을 죽이거나 마을을 파괴하지는 않았지만 마을로 통하는 유일한 출입구를 막아버렸다. 마을의 용감한 기사들은 괴물을 퇴치하기 위해 나섰지만 모두 실패했다. 나무 곤봉을 휘두르던 기사는 자신의 것보다 두 배나 더 큰 곤봉에 맞고 쓰러졌고, 불화살을 쏘던 기사는 두 배나 더 뜨거운 불에 당하고 말았다. 예리한 칼을 휘두르던 기사는 괴물의 칼에 두 동강이 나고 말았다. 공격하려고 했던 것보다 두 배로 당한 것이다. 이렇게 몇 십 년이 지났다. 외부와의 교통과 교류가 끊긴 마을은 점차 황폐해지고 어려워져 갔다. 그런데 마을에 잭이라는 바보가 괴물을 무찌를 수 있는 묘안이 있다고 말했다. 잭은 물과 음식을 마련하고 괴물에게 나아가 "배고프죠?" 하면서 사과를 건넸다. 그러자 괴물이 소리를 지르며 주먹을 펴 보였다. 괴물의 손에는 잭이 준 사과보다 더 새빨갛고 맛있는 사과 두 개가 놓여 있었다. 뿐만 아니라 물을 담아온 항아리도 두 개의 황금 항아리로 변했고, 물도 더 신선한 것으로 바뀌었다. 이렇게 해서 저주받은 것처럼 보였던 마을이 번영하게 되었다. 괴물은 저주가 아니라 축복이었던 것이다. 이와 같이 우리에게 주어진 환난도 저주가 아니라 축복이 될 수 있다. 우리의 포용력으로 끌어안을 수 있다면 소중한 기회가 될 수 있다.

솔로몬은 "듣는 마음"을 달라고 기도했고(왕상 3:9) 그 기도가 하나님의 마음에 들었다. 그것은 다름 아닌 포용력과 분별력이다. 하나님은 솔로몬에게 "넓은 마음을 주시되 바닷가의 모래 같이"(왕상 4:29) 하셨다고 했다. 바로 여기에서 솔로몬의 지혜와 지도력이 나왔다. 우리도 넓은 마음, 열린 마음을 달라고 기도해야 한다. 하나님은 실력보다 그릇을 키워 사용하신다. 실력이 있는데 아직까지 쓰임 받지 못하고 있다면 그릇을 키워야 한다.

PART 10

책임의 리더십

리더는 책임의 무게를 끝까지 견디어 낸다

에스더 4:12-17 | ¹²그가 에스더의 말을 모르드개에게 전하매 ¹³모르드개가 그를 시켜 에스더에게 회답하되 너는 왕궁에 있으니 모든 유다인 중에 홀로 목숨을 건지리라 생각하지 말라 ¹⁴이 때에 네가 만일 잠잠하여 말이 없으면 유다인은 다른 데로 말미암아 놓임과 구원을 얻으려니와 너와 네 아버지 집은 멸망하리라 네가 왕후의 자리를 얻은 것이 이 때를 위함이 아닌지 누가 알겠느냐 하니 ¹⁵에스더가 모르드개에게 회답하여 이르되 ¹⁶당신은 가서 수산에 있는 유다인을 다 모으고 나를 위하여 금식하되 밤낮 삼 일을 먹지도 말고 마시지도 마소서 나도 나의 시녀와 더불어 이렇게 금식한 후에 규례를 어기고 왕에게 나아가리니 죽으면 죽으리이다 하니라 ¹⁷모르드개가 가서 에스더가 명령한 대로 다 행하니라

당신은 주변에서 이런 이야기를 자주 듣지 않는가?

"해야 하는 것은 알지만 시간이 없어서 못했어요."

"일을 하고 싶지만 취업이 안되서 놀고 있어요."

"열심히 하고 싶은데 도와주는 사람이 없어서 못하고 있어요."

"아이디어는 좋지만 돈이 있어야 뭘 하지요."

"나는 머리가 나빠서 공부를 못해요."

"나만 그런 것이 아니라 요새는 불경기라 다 그래요."

이 말들의 공통점이 무엇인지 아는가? 바로 '핑계'라는 것이다. 모두 책임의식이 결여된 말들이다. 자신의 책임을 전부 환경 탓, 남의 탓, 부모 탓, 하나님 탓으로 돌리고 있다. 우리말에 "핑계 없는 무덤 없다"는 말이 있다. 영어권에서는 "Everybody has excuses"라고 한다. 책임을 자신이 지지 않고 다른 존재에게 돌리는 것이다.

헨리 클라우드와 존 타운센드 박사가 지은 「변명하지 않는 그리스도인」을 보면, 사람들이 변명하는 이유에 대해 나온다. 그것은 상황을 개선하려면 많은 수고가 따라야 되는데, 다른 사람을 탓하면 쉽게 지나가기 때문이라는 것이다. 하지만 변명을 해도 달라지는 것은 하나도 없다. 남의 탓 그만 하고 자신이 자기 삶의 주인이 되어야 한다. 그래야 변화가 있고 성장이 있고 발전이 있다.

늘 변명을 입에 달고 사는 사람

성경을 보면 변명을 입에 달고 사는 한 사람이 등장한다. 달란트 비유에서 한 달란트 맡은 사람이다.

> "주인이여 당신은 굳은 사람이라 심지 않은 데서 거두고 헤치지 않은 데서 모으는 줄을 내가 알았으므로 두려워하며 나가서 당신의 달란트를 땅에 감추어 두었었나이다"(마 25:24-25).

그때 주인은 이렇게 말하지 않았다.

"아, 그랬었구나. 그러고 보니 네 말이 맞다. 나도 손해나는 거 싫어하거든. 그러고 보니 내가 너에게 너무한 것 같구나. 너에게만 1달란트를 주었으니 얼마나 마음이 아팠겠니? 좌우간 미안하게 됐다. 너나 나나 피차일반이다. 다음부터 잘 하자."

오히려 단호하고 엄격하게 말했다.

"이 악하고 게으른 종아!"

주인 앞에서는 변명의 여지가 없다. 변명을 한다고 해서 책임까지 없어지는 것은 아니다.

요한복음에는 예수님께서 베데스다 연못에서 38년 된 병자를 만나 치유해 주시는 이야기가 나온다. 예수님께서는 그의 병이 오랜 줄을 아시고 긍휼히 여기셔서 그에게 물으셨다.

"네가 낫고자 하느냐"(요 5:6).

병자는 예수님께 "예" 하고 간단히 대답만 하면 되었다. 하지만 그의 입에서 터져 나온 말은 원망과 불평이었다. "내가 병을 치유 받지 못한 것은 누군가 나를 먼저 요동치는 연못에 넣어 주는 사람이 없어서, 다른 사람이 나보다 먼저 들어가서"라고 말했다. 잔치의 비유에서도 주인이 큰 잔치를 준비하고 종을 보내 초대받은 사람들을 잔치 자리에 나아오도록 권면했다. 그때 초대 받은 손님들은 한결같이 거절하고 핑계를 댔다. '밭에 가야 하고' '소를 시험해야 하고' '장가들었으니' 등등 핑계가 많았다.

지극히 복된 에덴동산에서조차 책임 전가가 있었다. 하나님께서 아담에게 "왜 선악과를 먹었느냐?"라고 물으셨다. 아담은 "하나님이 주셔서 나와 함께 있게 하신 여자 그가 그 나무 열매를 내게 주므로 내가 먹었나이다"(창 3:12)라고 말했다. 이것도 변명이다. 자기가 선악과를 먹은 책임을 여자와 하나님에게 돌린 것이다. 물론 표면적으로 보면 아담이 하와의 제안을 받아 선악과를 먹은 것은 사실이지만 결국 자신의 의지로 먹은 것이다. 하와가 입에 억지로 집어넣은 것이 아니다. 하나님께서 하와에게도 동일한 질문을 던지셨다. 그녀도 역시 책임을 전가했다.

"뱀이 나를 꾀므로 내가 먹었나이다"(창 3:13).

아담은 하와에게 손가락질을 했고, 하와는 뱀에게 손가락질을 했다.

에덴의 동쪽에서 최초의 살인사건이 일어났다. 가인이 아벨을 죽인 것이다. 이것도 남에게 책임을 전가했기 때문이다. 하나님께서 아벨과 그의 제물은 열납하셨지만 가인과 그의 제물은 열납하지 않으셨다. 그때 가인은 자신을 돌아보아야 할 상황에서 그 원인을 아벨에게서 찾았다. 그리고 동생을 돌로 쳐 죽였다. 하나님께서 가인에게 나타나 아벨을 찾으실 때도 책임을 회피했다. "내가 알지 못하나이다. 내가 내 아우를 지키는 자니이까?"(창 4:9)라고 반문하였다.

자신의 문제를 다른 사람의 잘못으로 돌리는 한, 우리는 문제를 결코 해결할 수 없다. 그것은 스스로 만든 감옥에 갇혀, 감옥 열쇠를 들고 있으면서도 나가지 못하는 꼴이다. 우리는 주인의식을 가지고 살아야 한다. 오래전에 카톨릭에서 "내 탓이요"라는 운동을 한 적이 있다. 그때 자동차 뒤에 그 문구가 써진 스티커를 붙이고 다니는 차를 보면서, 어떤 분이 "진짜 자기 탓이면, 운전대 앞에다 붙이고 자기가 읽지, 왜 뒤에 붙여서 꼭 뒤에 오는 사람보고 '내 탓이다'라고 읽게 하느냐?"라고 볼멘소리를 했다.

미국의 어느 과체중인 두 소녀가 자신들의 뚱뚱함에 대한 책임이 맥도날드에 있다고 고소했다. 변호사가 대변하기를 "맥도날드 음식이 육체적으로나 정신적으로 중독성이 있다"고 하면서 거액의 배상금을 요구했다. 하지만 미국 법원의 판결은 그들의 손을 들어 주지 않았다. 판결 요지는 다음과 같았다.

> "맥도날드 햄버거가 건강에 좋지 않다는 것을 잠재적으로 알고 있었고, 그럼에도 불구하고 자신의 만족을 위해 맥도날드의 슈퍼사이즈 제품들을 과하게 먹었다면, 맥도날드를 탓할 수 없다."
> (「변명하지 않는 그리스도인」, 15쪽)

다른 사람에게 책임을 전가하면 걱정과 죄책감, 두려움과 부담감에서 어느 정도 헤어날지 몰라도 근본적인 문제 해결에는 도움이 되지 않는다. 책임을 회피하는 사람은 도와주기가 어렵다. 우리는 비난과 책임의 화살을 남에게 자주 돌린다. 책임을 전가하는 문화는 문제를 만나면 문제를 해결하기보다 누군가에게 잘못을 돌린다. 희생양을 찾아 강제로 책임을 지라고 한다. 하지만 나에게 책임이 있다고 인정하면 실패를 통해 배울 수 있다. 기독교에서 말하는 회개는 책임을 인정하고 나아가는 것이다. 자기 책임이라고 인정하지 않는 한 우리는 앞으로 나아갈 기반이 없어진다. 따라서 책임은 무거운 짐이 아니라 우리가 직면한 문제를 해결해 주고 도약하게 해 주는 디딤돌이다.

세월호 참사는 무책임한 승무원들에게 일차적인 책임이 있었다. 그렇게 행동할 바에는 선장이 되어서는 안 된다. 기관사나 조타수, 승무원 모두 마찬가지였다. 그들을 믿고 귀한 생명을 맡겼다는 것이 정말 안타깝다. 하지만 가슴 아프게도 우리 사회는 세월호만 그런 것이 아니다. 그런 무책임한 사람들이 사회 곳곳에 있고, 그들이 지도자 노릇을 하고 있다. 우리는 사고 이후에 사고를 수습하는 과정에서도 그것을 똑똑히 보았다. 책임지고 해결하려고 노력하는 사람은 보기 힘들었다.

정치 지도자, 경제 지도자, 군대 지도자, 교육 지도자, 종교 지도자들은 스스로 반성을 해야 한다. 지도자가 특권은 누리면서 책임은 지지 않는 모습을 너무나 많이 보게 된다. 자기 자신의 인생도 다른 사람에 대해서도 책임 지지 않는 자는 지도자가 아니다. 리더십은 책임을 지는 능력이다. 우리는 책임을 지려는 리더십을 갈망한다. 리더는 기꺼이 책임을 지는 사람이다. 책임감이 있는 사람, 책임을 마다하지 않는 사람이다. 인생의 성패는 자신의 삶에 책임을 지느냐, 그렇지 않느냐에 달려 있다. 책임은 짐이 아니라 오히려 힘을 가져다 준다. 허리 아픈 주인이 힘 센 장정 품꾼보다 밭을 더 많이 간다는 말은 빈 말이 아니다.

모르드개와 에스더

페르시아 왕 아하수에로는 인도에서 지중해 연안과 터키까지 지배하고 있었다. 왕비 와스디가 왕명에 순종하지 않아 폐위되어 왕이 다시 왕비를 간택하였는데, 사촌 오빠인 모르드개에 의해 아름답고 지혜롭게 키워진 에스더가 왕비가 되는 이야기로부터 에스더서는 시작된다.

> "그의 삼촌의 딸 하닷사 곧 에스더는 부모가 없었으나 용모가 곱고 아리따운 처녀라 그의 부모가 죽은 후에 모르드개가 자기 딸 같이 양육하더라"(에 2:7).

모르드개는 에스더의 사촌 오빠였지만 에스더를 자기 딸처럼 양육했다. 그가 어려서부터 그녀에게 심어 준 정신은 책임감과 용기였다. 아마도 그것이 나중에 민족이 위기에 빠졌을 때 구국의 원동력이 되었을 것이다.

본문의 내용은 이러하다. 당시에는 여러 민족이 섞여 살고 있어서 민족 간에 갈등이 있었다. 유대인으로서의 정체성이 있고 이스라엘의 역사를 잘 알고 있던 모르드개는 아말렉 족속인 하만에게 무릎

끓어 절하지 않았다. 이에 격분한 하만이 모르드개를 미워하여 그와 이스라엘 민족 전체를 몰살할 계획을 세웠다. 그리고 왕에게 유대 민족은 무익하므로 없애자는 진언을 하여 재가를 받고 D-데이까지 받아 놓고 있었다(에 3:7-11). 유대인을 진멸하라는 왕의 조서가 내려지자, 유대인들은 절망했다. 하지만 모르드개는 이런 상황에서도 책임을 다하고자 했다. 풍전등화 같은 유다의 운명 앞에서 모르드개는 왕비가 되어 궁중에 살고 있는 에스더에게 이 사실을 알린다(에 4:12-17).

모르드개는 왕후 에스더에게 도움을 구했다.

"왕에게 나아가서 그 앞에서 자기 민족을 위하여 간절히 구하라."

하지만 왕후 에스더는 그럴 형편이 되지 못했다. 비록 페르시아의 왕후가 되었지만 권력을 휘두를 수 있는 처지는 못 되었기 때문이다. 더욱이 그녀에게는 든든한 정치적 배경이나 후원자도 없었고, 왕의 얼굴을 못 본지도 한 달이 되었기 때문이다. 왕후 와스디가 폐위된 정황을 잘 아는 에스더로서는 정말 어려운 상황이었다.

"왕의 신하들과 왕의 각 지방 백성이 다 알거니와 남녀를 막론하고 부름을 받지 아니하고 안뜰에 들어가서 왕에게 나가면 오직 죽이는 법이요 왕이 그 자에게 금 규를 내밀어야 살 것이라 이제 내가 부름을 입어 왕에게 나가지 못한 지가 이미 삼십 일이라 하라 하니라"(에 4:11).

처음에는 에스더도 자신의 처지와 상태를 주목하고 있는 모습이 역력했다. 이 말을 전해들은 모르드개는 그녀의 책임을 상기시켜 주는 말을 전했다.

"너는 왕궁에 있으니 모든 유대인 중에 홀로 목숨을 건지리라 생각하지 말라"(에 4:13).

나만 살면 된다고 도망치거나 침묵하고 있지 말라는 뜻이었다. 책임을 회피하지 말라는 것이었다. 에스더는 궁전에서 아무 부족한 것 없이 잘 살고 있었다. 자기의 출신 성분이 앞날에 방해가 될까 봐 할 수만 있다면 과거와 단절하고 지내고 싶은 생각을 했을 수도 있다. 하지만 진실은 감출 수 없는 것이다. 혼자서는 결코 살 수 없다. 왕비 에스더의 목숨과 민족의 목숨은 연결되어 있는 공동운명체였다. 모르드개는 바로 이 사실을 적시했다.

"이 때에 네가 만일 잠잠하여 말이 없으면 유대인은 다른 데로 말미암아 놓임과 구원을 얻으려니와 너와 네 아버지의 집은 멸망하리라…"(에 4:14).

에스더가 민족의 구원을 위해 나서지 않고 숨는다면, 하나님은 에스더가 아닌 다른 방편을 사용하실 것이라는 뜻이다. 하나님의 지혜와 수단은 무한하기 때문이다.

"네가 왕후의 자리를 얻은 것이 이 때를 위함이 아닌지 누가 알겠느냐"(에 4:14).

하나님께서 이 때에 쓰시기 위해 에스더를 그 자리에 세우셨다는 것이다. 그러므로 이 일에 나서지 않는 것은 직무유기였다. 결국 모르드개는 에스더에게 자기 사명을 다하라고 일깨워주었다.

"네 인생에 왕후는 최종 목적지가 아니다. 왕후 자리는 수단이고 이스라엘 구원이 목적이다. 황후 자리를 유지하는 것이 중요한 것이 아니다. 지금이 네게 일하라고 주신 기회이다. 민족을 구하라."

여기에 모르드개의 신앙적인 역사 철학이 담겨 있다. 그것은 하나님의 섭리에 대한 철저한 믿음이다. '에스더가 왕후가 된 것은 다 이 때를 위하여 하나님께서 미리 준비하신 일'이라는 믿음이었다. 하나님이 우리를 구원하신 뜻이 있다. 비천한 우리를 불러 변화시키셔서 높여 주신 이유가 있다. 당신에게 남다른 지위와 명예와 재능과 권력과 재산을 주신 이유가 있다. 그것은 당신 한 사람 잘 먹고 잘 살라는 것이 아니다. 당신 한 몸 편하게 지내라는 것이 절대 아니다. 한편 14절 전반을 "강력한 부정을 표현하는 긍정적인 수사학적 질문"으로 해석하는 학자들도 있다. 그들의 주장에 따르면 이렇게 번역된다.

"이 때에 네가 만일 잠잠하여 말이 없으면 유대인은 다른 데로 말미암아 놓임과 구원을 얻겠느냐? 너와 네 아버지 집은 멸망하리라 네가 왕후의 자리를 얻은 것이 이때를 위함이 아닌지 누가 알겠느냐?"

모르드개는 에스더에게 책임의식을 고취시켜 주었다. 절대 주권자인 왕의 어인이 찍힌 조서가 반포된 상황에서 모르드개는 과연 에스더 외에 다른 대안을 생각해 낼 수 있었을까? 하나님은 에스더가 아니더라도 얼마든지 민족을 구원하실 수 있다고 한 모르드개의 발언은 신학적으로 맞는 말이었다. 하지만 지금은 신학 교리를 설파하는 자리가 아니고, 에스더 왕후의 마음을 돌리는 상황이 아닌가! 따라서 모르드개는 에스더를 향해 "이 상황 속에서 너밖에 없다. 네가 아니면 너와 네 아비의 집은 망할 수밖에 없고, 또한 하나님께서 이 일을 하라고 너를 왕후로 세우신 것이다"라고 도전하고 있는 것이다. 지금 모르드개는 에스더를 위협하고 경고하려는 것이 아니라 민족을 위해 나서달라고 탄원하고 있는 것이다(「WBC: 룻기, 에스더」, 프레드릭 W. 부쉬, 621쪽).

책임을 촉구하는 모르드개의 말에 에스더가 드디어 나서기로 결정했다.

"당신은 가서 수산에 있는 유다인을 다 모으고 나를 위하여 금식하되 밤낮 삼 일을 먹지도 말고 마시지도 마소서 나도 나의 시녀와 더불어 이렇게 금식한 후에 규례를 어기고 왕에게 나아가리니 죽으면 죽으리이다"(에 4:16).

여기서 가장 감동적인 대목은 역시 "죽으면 죽으리이다"이다. 전 왕비 와스디는 왕의 명을 어기고 왕 앞에 나가지 않았다가 폐위되었다. 이제 이 엄한 규율을 잘 알고 있는 에스더가 규례를 어기고 부르지도 않는 왕 앞에 나아가 민족을 위하여 탄원할 결심을 하고 있다. 더구나 왕이 조서까지 내린 일을 취소시켜야 되는 불가능한 상황에서, 자신의 신분을 노출하여 목숨까지 위태로워질 형편이었다. 하지만 에스더는 민족을 위하여 자기의 특권도, 신분도, 목숨도 바칠 각오를 했다. 여기에서 에스더의 위험을 무릅쓴 의로운 용기가 나온다. 이것이 '십자가 정신'이다. 하나님의 뜻을 위하여, 민족의 구원을 위하여, 다른 사람의 생명을 위하여 "죽으면 죽으리라" 하고 나아가는 것이 기독교 신앙이다.

주기철 목사님은 신사참배를 반대할 때 "일사각오"라는 설교를 하셨는데, 그분은 생명을 주관하시는 하나님께 모든 것을 맡기시고 사명을 위하여 용감하게 나아가셨다. 이런 자들만이 역사를 바꿀 수 있다. 비록 에스더는 모든 것이 하나님의 섭리에 의해 운행된다는 것을 아는 믿음의 여인이었다. 그래서 그녀는 모르드개에게 수산에 살고 있는 유대인을 다 모으고 삼일 금식을 하라고 주문했다. 민족의 중보기도를 통해 하나님께 모든 것을 맡기겠다는 의미였다. 모든 것을 내려놓고 하나님의 뜻을 기다리겠다는 의미였다.

왕후 에스더는 지혜롭고 위엄 있게 처신했다. 아하수에로 왕의 부름 없이 왕 앞에 나아갔지만 하나님의 도우심으로 죽임을 당하지 않았다. 오히려 "소원을 말하면 들어 주겠노라"는 다짐까지 받았다. 에스더 왕비는 경솔하게 민족의 문제를 거론하지 않고, 하나님의 때를 기다리면서 왕과 하만을 자신의 처소로 불러 두 번에 걸쳐 잔치를 차려 주었다. 모든 일은 하나님께서 주도하신다. 때에 맞게 왕이 역대일기를 보게 하셨고, 모르드개의 공헌과 헌신을 알게 하셨다. 그래서 하만을 엄벌에 처할 수 있게 된 것이다. 두 번째 잔치 자리에서 에스더가 왕에게 요구한 소청은 다음과 같았다.

> "왕후 에스더가 대답하여 이르되 왕이여 내가 만일 왕의 목전에서 은혜를 입었으며 왕이 좋게 여기시면 내 소청대로 내 생명을 내게 주시고 내 요구대로 내 민족을 내게 주소서"(에 7:3).

민족을 자신에게 달라는 에스더의 말은 "민족 없이 나는 있을 수가 없다"는 뜻이었다. 내 생명과 내 민족은 하나이기에 내 민족을 내가 책임지겠다는 각오였다. 나 따로, 민족 따로가 아니었다. 에스더는 자신의 지위와 자신의 기회를 민족을 구원하는 데 사용했다. 그랬기에 몰살 직전에 있던 유다를 구원할 수 있었다.

"하늘도 스스로 돕는 자를 돕는다"는 말이 있다. 성경 말씀은 아니지만 맞는 말이다. 하나님은 책임을 지고자 하는 자를 도우신다. 우리에게 책임을 지고자 하는 마음만 있다면 하나님께서 모든 필요를 공급해 주실 것이다. 오병이어의 기적도 그와 같은 맥락에서 이해되어야 한다. 제자들은 날이 저물고 많은 백성이 광야에 나와 있으니 빨리 그들을 돌려보내자고 요청했다. 그러나 예수님께서는 "너희가 먹을 것을 주라"고 말씀하셨다. 책임지고자 했다면 예수님께서 능력을 주셨을 것이다. 하지만 안타깝게도 제자들은 회의적인 반응을 보였고 오병이어의 기적은 예수님께서 직접 행하셨다. 그리하여 보리떡 다섯 개와 물고기 두 마리로 남자만 5,000명을 먹이고도 12광주리가 남는 역사를 이루셨다.

우리도 나라의 어려운 상황을 두고 하나님께 기도하자. 나라의 일을 다른 누군가의 책임이 아니라 내 책임이라 여기며 기도하자. 그렇게 기도할 때 비로소 하나님이 당신을 그 일로 인하여 보내셨다는 것을 알게 될 것이다.

광야에서 백성들이 하나님을 향해 원망할 때, 모세는 백성의 잘못을 자신의 허물로 돌리고, 자신을 희생해서라도 백성을 살리려는 행동을 보였다(출 32:32). 이사야는 나라의 어려운 상황을 두고 기도하다가 하나님의 부르심에 "내가 여기 있사오니 나를 보내소서"라고 용기 있게 대답했다. 페르시아 왕궁의 술 맡은 관원장 느헤미야는 고국 예루살렘의 황폐한 소식을 듣고 "수일 동안 울고" 기도했다. 그러다가 사명을 받았다. 하나님은 그렇게 책임을 지려는 당신을 통해 놀라운 일을 하실 것이다.

"여호와의 말씀이니라 너희를 향한 나의 생각을 내가 아나니 평안이요 재앙이 아니니라 너희에게 미래와 희망을 주는 것이니라"(렘 29:11).

생각은 곧 계획이다. 하나님은 우리를 위한 선한 계획을 지니고 계신다. 평안은 '번영'(prosperity)으로도 해석할 수 있다. 하나님은 지금의 어려움에 책임을 지는 당신을 통해 놀라운 계획을 진행하시되 번영과 확실한 미래, 그리고 놀라운 소망을 이루실 것이다. 책임의 리더십을 가지라. 책임감은 주인의식과 통한다. 다음과 같이 생각해 보라.

"더 이상 변명은 없다. 나는 할 수 있고 할 것이다."
"실패하더라도 실패에서 교훈을 얻고 전진하리라."
"나를 찾기 위해 인생을 기다리지 않겠다. 내가 인생을 찾겠다."
"내 꿈을 소유할 수 있는 사람은 오직 나! 내가 그 꿈을 소유하겠다."
"다른 사람을 탓한다고 해서 내가 가고 싶은 곳에 갈 수는 없다. 잘못을 내 것으로 받아들일 때 나는 그곳에 갈 수 있다."

"내 문제에 내가 책임을 질 때 그 주도권은 내게 돌아온다."

(『변명하지 않는 그리스도인』, 83쪽)

다른 결과를 원하면 현재 하는 방식에 변화를 주어야 한다. 아인슈타인은 "미친 짓이란, 다른 결과들을 기대하며 같은 일을 반복하고 또 반복하는 것이다"라고 말했다. 지금까지 원망하고 불평하고 책임을 전가했다면 이제 접근 방식을 바꾸어 보라. 그런 방식으로는 아무 일도 이룰 수 없다. 좋은 일을 기대할 수 없다. 책임을 회피하지 말고 취하라. 그리고 진취적으로 나아가라.

PART 11

도전의 리더십

리더는 도전을 통해 새로운 길을 개척한다

여호수아 14:6-15 ⁶그 때에 유다 자손이 길갈에 있는 여호수아에게 나아오고 그니스 사람 여분네의 아들 갈렙이 여호수아에게 말하되 여호와께서 가데스 바네아에서 나와 당신에게 대하여 하나님의 사람 모세에게 이르신 일을 당신이 아시는 바라 ⁷내 나이 사십 세에 여호와의 종 모세가 가데스 바네아에서 나를 보내어 이 땅을 정탐하게 하였으므로 내가 성실한 마음으로 그에게 보고하였고 ⁸나와 함께 올라갔던 내 형제들은 백성의 간담을 녹게 하였으나 나는 내 하나님 여호와께 충성하였으므로 ⁹그 날에 모세가 맹세하여 이르되 네가 내 하나님 여호와께 충성하였은즉 네 발로 밟는 땅은 영원히 너와 네 자손의 기업이 되리라 하였나이다 ¹⁰이제 보소서 여호와께서 이 말씀을 모세에게 이르신 때로부터 이스라엘이 광야에서 방황한 이 사십오 년 동안을 여호와께서 말씀하신 대로 나를 생존하게 하셨나이다 오늘 내가 팔십오 세로되 ¹¹모세가 나를 보내던 날과 같이 오늘도 내가 여전히 강건하니 내 힘이 그 때나 지금이나 같아서 싸움에나 출입에 감당할 수 있으니 ¹²그 날에 여호와께서 말씀하신 이 산지를 지금 내게 주소서 당신도 그 날에 들으셨거니와 그 곳에는 아낙 사람이 있고 그 성읍들은 크고 견고할지라도 여호와께서 나와 함께 하시면 내가 여호와께서 말씀하신 대로 그들을 쫓아내리이다 하니 ¹³여호수아가 여분네의 아들 갈렙을 위하여 축복하고 헤브론을 그에게 주어 기업을 삼게 하매 ¹⁴헤브론이 그니스 사람 여분네의 아들 갈렙의 기업이 되어 오늘까지 이르렀으니 이는 그가 이스라엘의 하나님 여호와를 온전히 좇았음이라 ¹⁵헤브론의 옛 이름은 기럇 아르바라 아르바는 아낙 사람 가운데에서 가장 큰 사람이었더라 그리고 그 땅에 전쟁이 그쳤더라

하 나 님 의 리 더 십 세 우 기

지금같이 위기와 변화의 시기에는 담대하게 도전하는 리더들이 필요하다. 안주하려는 자들을 일깨우는 사람이 필요하다. 그러기 위해서는 먼저 행동할 줄 알아야 하다. 어떤 조직이든 안정을 추구한다. 조직 안의 사람들도 마찬가지이다. 그러나 안정만을 추구하다가는 변화에 제대로 대처하지 못할 수 있다. 위험을 무릅써야 발전할 수 있다. 그런 점에서 리더란 위험을 감수하는 자이다. 위험을 감수하지 않으려는 자는 리더가 될 수 없다. 도전과 모험을 통해 전진하지 않으면 성장은 있을 수 없다. 리더는 할 수 있는 일과 마땅히 해야 할 일을 알고 도전해야 한다. 다른 사람들이 침묵하고 있을 때, 아무도 나서지 못할 때, 먼저 자원해야 한다. 이것이 '도전의 리더십'이다.

도전이 리더십의 필수적인 이유는 새로운 방향으로 걸음을 내딛는 최초의 사람이 되기 때문이다. 성경의 역사도 부단히 도전하는 자들에 의해 만들어졌다. 노아, 아브라함, 모세, 여호수아, 갈렙, 기드온, 다윗, 바울…이 그러했다.

당신은 아비새, 십브개, 엘하난, 삼마의 아들 요나단을 아는가?(삼하 21:15-22) 이들은 모두 거인을 죽인 자들이다. 그러나 다윗만큼 유명하지는 않다. 다윗이 위대한 이유는 거인을 죽인 최초의 사람으로 성경에 기록되었기 때문이다. 다윗은 아무도 나서지 않을 때, 자원하여 거인과 싸워 골리앗을 무찔렀다. 다윗은 거인을 죽인 자들의 선구자였다. 이후에 등장하는 영웅들은 모두 다 다윗이 낸 길을 걸은 사람들일 뿐이다. 리더는 길을 만들고, 그가 낸 길을 다른 사람들이 따르게 한다. 당신은 구텐베르크, 에디슨, 라이트 형제, 헨리 포드, 빌 게이츠, 스티브 잡스, 마크 저커버그, 세종대왕, 이순신 장군… 이들의 공통점이 무엇인지 아는가? 이들은 모두 창시자들이다. 우리는 그들에게 많은 빚을 졌다.

리더에게 필요한 정신은 도전정신이다. 리더는 기회를 포착하는 사람이다. 그러기 위해서는 용기가 필요하다. "당신이 두려움을 무릅쓰지 않는다면 인생의 중요한 것들을 잃게 된다." 리더에게 실패란, 놓쳐 버린 기회이다. 따라서 리더는 성공하지 못할까 봐 두려워하기보다는 기회를 놓칠까 봐 두려워해야 하다. 베드로는 풍랑을 만난 배에서 안전보다 다가오시는 예수님을 향하여 기회를 구했다. 그는 "만일 주시어든 풍랑을 잠잠케 하소서"가 아니라 "나를 명하사 물 위로 걸어오라 하소서"라고 말했다. 그는 안전보다 기회를 구했다. 그리하여 인류 중력의 법칙을 거슬러 물 위를 걸은 (물론 나중에는 의심과 두려움으로 물에 빠졌지만) 최초의 사람이 되었다. 베드로는 우리에게 물 위를 걷는 것과 빠지는 것의 차이를 가르쳐 준 사람이다.

우리는 안전한 하나님만 믿고 있는 것은 아닌지 생각해 보아야 한다. 당신의 하나님은 너무 안전하시다!(Your God is too safe!) 우리는 하나님께 큰 것을 간구하지 않는 습성이 있다. 큰 것을 간구하면 큰 도전에 직면해야 하기 때문이다. 만약 도전에서 실패하면 시험에 들까 염려되기 때문이다. 그래서 우리는 우리가 보기에도 만만한 것들만 기도 제목으로 삼는다. "지나치게 안전한 하나님은 우리에게 아무 것도 요구하지 않으실 뿐 아니라 아무것도 주지 못하신다." 어서 빨리 안전지대에서 나오라. 그래야 안전지대가 더 확장된다.

기드온에게 찾아오신 하나님은 도와주시기는커녕 어떻게 보면 점점 더 상황을 불리하게 만드시는 것 같아 보인다. 메뚜기 떼처럼 많은 미디안과 아말렉의 훈련된 군사들, 더구나 그들이 타고 온 낙타의 수는 해변의 모래 같이 많은 무리(삿 7:12)였다. 나중에 그 숫자를 헤아려보니 13만 5천이었는데(삿 8:10) 이들에 대항하는 이스라엘의 숫자는 3만 2천으로 중과부적(衆寡不敵)이었다. 그런데 하나님은 오히려 병사가 많다고 하시면서 1만 명으로, 여기서 다시 300명으로 병사를 줄이셨다. 인간적인 견지에서 하나님은 승패를 모호하게 만드셨다. 그러나 사실은 인간 자신을 점점 의지할 수 없게 만드신 것이다. 기드온이 오직 하나님만을 의지하고 전투에 임하게 만드신 것이다. 하나님은 확실성에서 불확실성으로 인도하셨다. 그만큼 더욱 도전하게 하셨고, 이 일로 살아 계신 하나님을 증거하게 하셨다. 300 용사의 대승으로 말이다.

헤브론을 요구하는 갈렙

도전적인 정신을 지닌 갈렙은 40여 년 전 모세에게나 40년 후 여호수아에게나 힘이 되는 사람이었다. 갈렙처럼 도전의식이 높은 사람은 지도자에게 힘을 주는 사람이다. 정탐꾼들이 가나안을 정탐하고 돌아와 보고했을 때, 백성들은 모두 모세를 원망하며 돌을 던지려고 했다. 그러나 갈렙은 이러한 상황에서 말했다.

"갈렙이 모세 앞에서 백성을 조용하게 하고 이르되 우리가 곧 올라가서 그 땅을 취하자 능히 이기리라"(민 13:30).

궁지에 몰려 있던 모세에게 갈렙의 말은 얼마나 힘이 되었겠는가! 그는 모세에게 방어막을 제공한 유일한 사람이었다. 40여 년이 흘러 새로운 지도자 여호수아의 영도 아래, 가나안 정복 사업을 벌일 때에도 마찬가지였다. 정복 전쟁이 고착상태에 빠지고, 서로 어려운 일을 회피하려던 때에 그는 이렇게 말했다.

"이 산지를 지금 내게 주소서"(수 14:12).

이번에도 갈렙은 가장 도전이 되는 일, 가장 도전이 되는 땅을 요청했다. 이 또한 여호수아에게 얼마나 힘이 되었겠는가? 가장 강력한 아낙 자손이 살고 있는 유다 산지, 즉 헤브론을 자신에게 달라고 요청했으니 말이다.

헤브론은 요단 서쪽 가나안 성읍 중 가장 높은 지역으로 해발 927미터이다. 그곳은 족장 아브라함과 사라, 이삭과 리브가, 야곱과 레아의 묘가 있는 곳이다. 예루살렘과 브엘세바로 통하는 족장의 길 중심지로, 여기를 점령하지 않고는 요단강 서쪽을 차지할 수가 없었다. 전략적 요충지이기는 했지만 정복하기는 지극히 어려웠다. 그 이유는 그곳에 살고 있는 거인족 때문이었다. 헤브론의 본래의 명칭은 '기럇 아르바'로 '아르바의 성읍'이라는 뜻이다. 아르바는 거인 아낙의 선조 이름이었다. 성주의 이름을 따라 지어진 도시명이었던 것이다. 열 명의 정탐꾼이 가나안 정복이 불가능하다고 했던 이유가 바로 아낙 자손 때문이었다. 그들은 가나안 전 지역이 아닌 바로 헤브론에 살고 있었다. 정탐꾼들이 했던 "견고한 성읍과 아낙 자손이 있다"는 말은 "괴물들이 살고 있다. 그래서 우리는 그들을 이기고 정복할 수 없다"는 뜻이었다.

> "거기서 네피림 후손인 아낙 자손의 거인들을 보았나니 우리는 스스로 보기에도 메뚜기 같으니 그들이 보기에도 그와 같았을 것이니라"(민 13:33).

여호수아서의 구조상 전반부(1-12장)는 정복 전쟁에 대한 기사이고, 나머지 후반부의 내용은 영토 분할에 대한 내용이다. 그래서 어찌 보면 정복 전쟁을 다 한 뒤에 영토 분할을 했다고 볼 수도 있지만 꼭 그렇게 해석할 필요는 없다. 영토에 대한 분할은 전쟁 이전이나 전쟁이 한창 진행 중일 때에라도 얼마든지 가능하다. 열두 지파가 함께 전쟁을 수행하지만 각 지파별로 땅을 확정해 놓고 전쟁을 수행하는 상황이었다. 갈렙이 여호수아를 만나러 찾아간 곳은 길갈인데, 정복 시기의 이스라엘의 종교 및 정치의 중심지로 삼았던 곳이다. 만약 여호수아서 14장의 기사가 전쟁의 종료 이후가 아니라면, 갈렙의 요청은 더욱 도전적인 면모를 드러내고 있다.

갈렙은 이전에 세운 자신의 공적이나 자신의 나이로 충분히 좋은 땅을 우선적으로 청구할 수 있는 권리를 가지고 있었다. 하지만 그는 강력한 아낙 족속이 살고 있는 험난한 산지를 요청했다. 그는 어려운 일, 남들이 꺼려하는 일을 스스로 자원하였다. 당시 영토 분할은 제비뽑기 방식으로 정해졌다. 그러나 갈렙은 제비뽑기 이전에 40여 년 전 하나님의 약속의 말씀을 근거로 먼저 땅을 요청했다.

제비뽑기를 했던 이유는 서로 좋은 땅을 원했기에 공평하게 하기 위해서였을 것이다. 하지만 그 땅에 대해 누구보다 더 잘 알고 있었던 갈렙은 비옥한 땅보다는 험한 산지를 구했다. 이미 확보된 땅이 아닌 개척해야 할 곳을 구했다. 쉬운 상대가 아니라 어려운 상대를 구했다. 모든 지파가 기피하는 땅이었고, 회피하고 싶은 족속이었다.

우리는 이렇게 '센 놈'하고 붙어야 한다. 그래야 위대해질 수 있는 기회를 만들 수 있다. 약한 상대만 골라 싸워서는 챔피언이 될 수 없다. 모세는 당대 최고의 나라 군주 애굽의 바로를 상대했기 때문에 그를 이기고 위대해질 수 있었다. 다윗은 당대 최고의 장수 골리앗을 상대했기 때문에 이스라엘의 왕이 되는 길을 걸을 수 있었다. '센 놈'은 리스크가 큰 만큼 기회도 크다. 히딩크 감독 시절 한국 축구가 강했던 것은, 히딩크 감독이 유럽 강호들과 A매치를 치루며 강팀과 싸워 이길 수 있다는 자신감을 키워 주었기 때문이다. 갈렙은 비전과 열정을 가지고 도전하는 사람이었다. 현실과 대면하는 용기가 있는 사람이었다. 이것은 현실을 부정하는 것이 아니다. 만용도 아니다. 리더는 냉엄한 현실을 직시하지만, 어떤 경우에도 용기를 잃지 않는 사람이다.

① 현실을 못 본 체하지 마라.
② 그러나 보는 것을 과장하지 마라.
③ 거기에 대한 현실적인 대안을 세우라.

이것이 바로 현실을 직시하는 리더의 대응 태도이다. 헤브론에 아낙 사람이 있고, 성읍이 견고하다는 것은 엄연한 사실이었다. 그러나 "여호와께서 나와 함께 하시면" 이길 수 있다. 이것이 대안이다. 주눅 들지 마라. 하나님이 함께 하신다. 그래서 도전의 리더십은 임재의 리더십이기도 하다.

갈렙의 자신감, 도전의 리더십은 하나님의 약속의 말씀을 믿는 데에서 비롯되었다. 갈렙은 45년 전 모세의 맹세를 기억하고 있었다.

"네가 내 하나님 여호와께 충성하였은즉 네 발로 밟는 땅은 영원히 너와 네 자손의 기업이 되리라"(수 14:9).

모세는 신명기에서 갈렙에 대한 여호와의 말씀을 다음과 같이 전달하고 있었다.

"오직 여분네의 아들 갈렙은 온전히 여호와께 순종하였은즉 그는 그것을 볼 것이요 그가 밟은 땅을 내가 그와 그의 자손에게 주리라"(신 1:36).

갈렙은 45년 전 하나님의 약속과 비전을 굳게 믿었다. 그래서 그는 여호수아에게 나아와 이렇게 말했다.

"그 날에 여호와께서 말씀하신 이 산지를 지금 네게 주소서"(수 14:12).

갈렙의 발언을 유심히 살펴보면 "여호와께서 말씀하신 대로"라는 표현이 자주 등장한다(수 14:6,10,12). 갈렙은 그만큼 하나님의 말씀을 중시하고 마음에 새겼다. 정탐꾼 시절, 다른 사람들은 말씀을 믿지 않았지만 갈렙은 믿었다! 그들 때문에 광야를 방황할 때나 여호수아가 후계자가 되었을 때에 원망하고 낙망할 수 있었지만, 갈렙은 한결같이 45년 동안 이 약속을 붙들고 살았다. 45년이란, 광야 방랑 40년과 정복 전쟁 5년을 의미한다. 갈렙은 40세 때나 85세 때나 한결같았다. 그 열정, 그 열심, 그 비전이 그를 젊게 만들었다.

도전하는 삶은 젊음의 상징이다. 아브라함은 보기에 좋은 땅이 아닌 하나님을 선택했다. 그래서 개척했던 아브라함은 안주했던 조카 롯보다 훨씬 젊은 삶을 살았다. 노인의 특징이 무엇인가? 비전이 없고, 최근의 일을 잘 잊어버리고, 새로운 일을 시도하길 꺼려하며, 새로운 사람을 만나길 꺼려하고, 변화를 싫어한다는 점이다. 인터넷에 "어느 90세 노인의 수기"라는 제목으로 글이 올라와 소개한다.

"나는 젊었을 때에 정말 열심히 일했다. 그 결과 실력을 인정받았고 존경 받았다. 물론 봉사단체에 가입하여 봉사활동도 열심히 했다. 그 덕에 60세 때 당당한 은퇴를 할 수 있었다. 그런 내가 30년 후인 90세 생일날 얼마나 후회의 눈물을 흘렸는지 모른다. 내 60년의 생애는 자랑스럽고 떳떳했지만, 이후 30년의 삶은 부끄럽고 후회되고 비통한 삶이었다. 나는 퇴직 후 '이제 다 살았다. 남은 인생은 그냥 덤이다'라는 생각으로 그저 고통 없이 죽기만을 기다렸다. 덧없고 희망이 없는 삶, 그런 삶을 무려 30년이나 살았다. 30년의 시간은 내 나이로 보면 3분의 1에 해당하는 기나긴 시간이다. 만일 내가 퇴직할 때 앞으로 30년을 더 살 수 있다고 생각했다면, 난 정말 그렇게 허송세월 하지 않았을 것이다. 그때 내가 스스로가 늙었다고, 뭔가를 하기에는 늦었다고 생각했던 것은 크나큰 실수였다. 나는 지금 90세지만 정신이 또렷하다. 매일 집에 홀로 있으면 우울증이 찾아올 것만 같다. 앞으로 10년, 아니 20년을 더 살지 모른다. 이제 나는 하고 싶었던 어학공부도 하고 시력이 허락하는 한 독서도 많이 할 생각이다. 그 이유는 단 한 가지, 10년 후 맞이하게 될 100번째 생일날, 90살 때 왜 나는 아무것도 시작하지 않았는지 후회하지 않기 위해서이다."

우리는 나이가 아닌 말씀을 따라 살아야 한다. 믿음을 따라 살아야 한다. 비전을 따라 살아야 한다. 아브라함도 75세에 하나님의 부름을 받아 고향을 떠났고 100세에 아들을 낳았다. 모세도 80세에 부름을 받아 120세까지 이스라엘을 광야에서 인도했다. 우리는 나이에 구애받지 말고 끊임없이 도전하는 삶을 살아가야 하다. 벤자민 프랭클린은 81세에 미국 헌법의 초안자가 되었고, 골다 메이어는 71세에 이스라엘의 수상이 되었고, 조지 버나드 쇼는 94세에 그의 첫 연극을 무대에 올렸다. 인천상륙작전을 성공시킨 맥아더 장군은 은퇴할 때에 "노장은 죽지 않는다. 다만 사라질 뿐이다"라고 말했다.

갈렙은 인생 후반부에 더욱 위대한 사람이 되었다. 인생의 후반부에 가장 소중한 일을 할 수 있는 사람, 다른 많은 사람에게 용기를 줄 수 있는 사람이 되었다. 그는 오늘이 있기 위해서 자신이 살아 있다고 말했다.

> "사십 오년 동안을 여호와께서 말씀하신 대로 나를 생존하게 하셨나이다"(수 14:10).

갈렙은 지금까지 기회가 오기를 기다리며 준비했다고 고백하면서 가장 어려운 싸움이 예상되는 지역을 요청했다.

> "내가 여전히 강건하니 내 힘이 그 때나 지금이나 같아서 싸움에나 출입에 감당할 수 있으니"(수 14:11).

성경은 도전의 리더십을 가진 갈렙에 대해 다음과 같이 말하고 있다.

> "내 종 갈렙은 그 마음이 그들과 달라서 나를 온전히 따랐은즉 그가 갔던 땅으로 내가 그를 인도하여 들이리니 그의 자손이 그 땅을 차지하리라"(민 14:24).

갈렙은 "그 마음이 그들과 달랐다"고 했다. 그는 구별된 삶을 살았다. 하나님께 절대가치를 두고 세상과 다른 가치관을 소유한 사람이었다. '안 된다'가 아니라 '할 수 있다'는 적극적인 마음을 가지고 산 사람이었다. 그는 하나님의 약속을 믿고 그 약속에 기반을 둔 삶을 살았다. 다수를 따르지 않고 하나님을 따랐다. 갈렙은 평생을 다르게 살려는 결심을 하고 그렇게 살았다. 그런데 이렇게 살려면 마음을 지켜야 한다.

"모든 지킬 만한 것 중에 더욱 네 마음을 지키라 생명의 근원이 이에서 남이니라"(잠 4:23).

갈렙의 마음은 '성실한 마음'(수 14:7), '충성스러운 마음'(수 14:8-9,14)이었다. 그는 마음을 다하여 온전히 여호와 하나님의 말씀을 따랐다. 성경은 갈렙에 대하여 하나님을 온전히 따른 사람으로 수차례 소개하고 있다. 하나님도 "내 종 갈렙은 … 나를 온전히 따랐다"(민 14:24)고 말씀하셨고, 모세도 "오직 여분네의 아들 갈렙은 온전히 여호와를 순종하였은즉"(신 1:36 ; 민 32:12)이라고 증언했다. 이스라엘도 "이스라엘의 하나님 여호와를 온전히 좇았음"을 인정했고(수 14:14), 갈렙 자신도 "나는 내 하나님 여호와께 충성하였으므로"(수 14:8,9)라고 고백했다. '온전히'는 하나님께 올인(all in) 한다는 것이다. 갈렙의 마음은 하나님의 약속에 대한 확신으로 꽉 차 있어서 의심과 불안이 전혀 없었다.

갈렙이라는 이름의 뜻도 '전심'이다.

갈렙의 요구는 요셉 지파의 불평(수 17:14-18)과 큰 대조를 이루고 있다. 그들은 자신들의 땅이 좁다고 불평하였고, 거주하는 자들이 철 병거로 무장하여 칠 수 없다고 하였다.

"여호수아가 다시 요셉의 족속 곧 에브라임과 므낫세에게 말하여 이르되 너는 큰 민족이요 큰 권능이 있은즉 한 분깃만 가질 것이 아니라 그 산지도 네 것이 되리니 비록 삼림이라도 네가 개척하라. 그 끝까지 네 것이 되리라 가나안 족속이 비록 철 병거를 가졌고 강할지라도 네가 능히 그를 쫓아내리라 하였더라"(수 17:17-18).

요셉 지파는 큰 지파였지만 도전 정신도 열정도 없었다. 반면 갈렙은 늙었지만 열정이 있었다.

싸움의 종결자

결국 도전하는 리더십을 지닌 갈렙은 여호수아에게 유다 남부의 헤브론 일경을 할당받았다. 성경에는 그가 헤브론의 거인 족속인 아낙 자손과 어떻게 싸웠는지는 자세히 기록되어 있지 않다. 하지만 전력상의 열세를 무릅쓰고 하나님의 도우심으로 그들을 능히 이겼을 것이다. "왔노라 보았노라 이겼노라"(veni, vidi, vici)라는 말을 그가 했을지도 모르겠다. 성경은 그를 싸움의 종결자로 묘사하고 있다.

"그 땅에 전쟁이 그쳤더라"(수 14:15).

하나님을 믿는 믿음으로 도전의 리더십을 발휘하는 자에게는 시쳇말로 "문제 끝, 다툼 끝, 싸움 끝, 전쟁 끝"이 된다. 사실상 갈렙이 정복 전쟁을 완결했다. 아무도 남기지 않고 완전히 몰아낸 전쟁이었다.

"내가 주를 의뢰하고 적군을 향해 달리며 내 하나님을 의지하고 담을 뛰어넘나이다"(시 18:29).

갈렙은 분배된 땅을 온전히 차지했고, 여호수아가 죽은 후에는 이스라엘을 지도했다. 85세 때에는 이스라엘의 첫 번째 사사인 옷니엘의 장인이 되었다(수 15:17 ; 삿 1:13). 갈렙은 '기럇 아르바'를 차지했고 옷니엘은 '기럇 세벨'을 차지했다. 갈렙은 기럇 아르바를 정복하고 그 땅의 이름을 헤브론으로 바꾸었다. 헤브론은 '힘을 합치다' '연합하다'라는 뜻이다. 즉, 갈렙이 하나님과 연합하여 정복한 땅이라는 말이다. 그 후 헤브론은 다윗 왕국의 시발점이 되었다. 다윗 왕권을 공인시킨 장소가 되었다(삼하 2:1-4). 헤브론은 예루살렘으로 수도를 이전하기까지 7년 6개월 동안 왕도의 역할을 했다.

도전의 리더십과 관련해서 한 가지 첨가할 사항이 있다. 갈렙은 현실에 안주하지 않고 더 높은 곳을 향해서 나아갔지만, 겸손하고 자신의 지위를 지킬 줄 알았다. 즉, 하극상을 일으키거나 반항적 기질을 보이지 않았다. 상관에 대해서는 '도전자'가 되지 않았다. 그런 점은 갈렙과 여호수아의 역학관계의 변화를 통해서 알 수 있다. 여호수아가 새로운 지도자가 된 이후로, 갈렙과 여호수아가 나누는 대화를 잘 살펴보면 갈렙은 여호수아를 깍듯이 대했다. 사실 갈렙은 모세를 이어 지도자가 될 수도 있었다. 갈렙은 여호수아와 더불어 가나안 땅을 정탐했던 사람이고, 모세와도 동역했던 사람이었기 때문이다. 하지만 그는 모세가 죽은 후, 여호수아의 권위를 인정하고 2인자로서 그의 든든한 후원자가 되었다. 두 사람은 경쟁이 아닌 동역관계였다. 정탐 이후 광야 길을 걷는 동안의 기사를 살펴보면, 여호수아는 계속해서 이름이 나오는 동안 갈렙은 언급되지 않는다. 그러다가 이렇게 마지막에 다시 나온다. 그동안 갈렙은 공백기를 보낸 것이 아니라 숨어서 여호수아를 드러내는 일을 했던 것 같다.

2인자라고 해서 꼭 나쁜 것만은 아니다. 오늘날과 같이 초일류만을 지향하는 정신적 풍토 속에 2인자를 미화하는 것은 별로 설득력이 없을 수도 있다. 하지만 갈렙은 분명 2인자로서 위대한 평가를 받았다. 2인자도 좋을 때가 있다. "일찍 일어나는 새가 먹이를 잡아먹는다"라는 말이 있다. 그러나 이것은 불변의 진리가 아니다. 여기 다른 속담이 있다.

"치즈를 먹을 수 있는 있는 쥐는 정작 두 번째로 달려온 쥐다."

이것이 무엇을 의미하는지 아는가? 쥐덫 안에 있는 치즈를 먹기 위해 무작정 달려온 첫 번째 쥐는 쥐덫에 걸려 머리가 깨진다. 그래서 치즈를 차지할 수 있는 쥐는 그 다음으로 달려온 두 번째 쥐인 것이다. 최첨단 기술의 선두주자들은 이 첫 번째 쥐와 같이 앞서가는 기술로 인해 실제로 많은 손해를 보고 있다. 시대에 앞선 발명품들이 사장되고 그 후에야 실용화 된 것들이 많이 나온다. 그래서 돈은 두 번째가 번다.

우리는 도전 정신을 가지되 겸손할 줄 알아야 하고, 시대를 분별할 수 있는 지혜도 가져야 한다. 그러기에 도전의 리더십은 또 다른 리더십의 도움을 받아야 한다.

PART 12

영성의 리더십

하나님의 마음에 합한 리더는 영적인 부흥을 일으킨다

사무엘상 12:1-5

¹사무엘이 온 이스라엘에게 이르되 보라 너희가 내게 한 말을 내가 다 듣고 너희 위에 왕을 세웠더니 ²이제 왕이 너희 앞에 출입하느니라 보라 나는 늙어 머리가 희어졌고 내 아들들도 너희와 함께 있느니라 내가 어려서부터 오늘까지 너희 앞에 출입하였거니와 ³내가 여기 있나니 여호와 앞과 그의 기름 부음을 받은 자 앞에서 내게 대하여 증언하라 내가 누구의 소를 빼앗았느냐 누구의 나귀를 빼앗았느냐 누구를 속였느냐 누구를 압제하였느냐 내 눈을 흐리게 하는 뇌물을 누구의 손에서 받았느냐 그리하였으면 내가 그것을 너희에게 갚으리라 하니 ⁴그들이 이르되 당신이 우리를 속이지 아니하였고 압제하지 아니하였고 누구의 손에서든지 아무것도 빼앗은 것이 없나이다 하니라 ⁵사무엘이 백성에게 이르되 너희가 내 손에서 아무것도 찾아낸 것이 없음을 여호와께서 너희에게 대하여 증언하시며 그의 기름 부음을 받은 자도 오늘 증언하느니라 하니 그들이 이르되 그가 증언하시나이다 하니라

하 나 님 의 리 더 세 우 기

　사무엘서와 열왕기서는 본래 하나의 책으로 이스라엘 왕정 500년 역사를 기록한 책이다. 사무엘서(상, 하)에는 엘리, 사무엘, 사울, 다윗의 이야기가 나온다. 둘은 종교 지도자이고, 둘은 왕이다. 그런데 공통점은 '영성'을 통해 그들을 분별할 수 있다는 것이다. 마치 양과 염소, 알곡과 쭉정이처럼 말이다. 각자의 영성은 다를 수 있지만 중요한 것은 바른 영성을 가져야 한다는 점이다. 위에서 두 사람은 올바른 영성을 가졌고, 두 사람은 그러하지 못했다. 두 명은 '영성의 리더십'을 지닌 사람이었고, 두 명은 '세속의 리더십'을 지닌 사람이었다.
　영성의 리더십은 세속의 리더십과 다르다. 세속의 리더십은 자기 확신, 야심, 군림, 명령, 지배, 자기 영광, 성공, 다른 사람 희생, 경쟁, 방법, 수단, 일, 업적에 관심이 많다. 그들의 행동 패턴은 다음과 같다.

　① 성취를 통해 만족을 얻는다. 과정보다 결과를 중시한다.

② 성취의 표상에 집착한다. 인기, 명성, 지위, 재물, 권력 등을 과시하려 한다.
③ 경쟁적인 경향을 띤다. 그래서 과도한 스트레스를 받는다.
④ 비정상적으로 바쁘다. 그래서 분주함 가운데 쉼이 없다.

반면, 영성의 리더십은 하나님 안에서의 확신, 소명, 하나님의 뜻, 하나님의 방법, 하나님께 순종, 하나님께 영광, 사랑, 믿음, 과정, 사역, 헌신, 섬김, 성품에 관심이 많다. 그들의 행동 패턴은 다음과 같다.

① 하나님의 계획에 따라 일한다.
② 매사에 성령님께 의존한다.
③ 사람들을 하나님이 원하시는 자리로 나아가게 만들어 준다.
④ 불신자와 세상에도 선한 영향력을 미친다.

사무엘은 사사시대와 왕정시대의 연결고리 역할을 하는 사람이었다. 그는 사사, 제사장, 선지자의 역할을 잘 조화시킨 인물이었다. 이 삼중직은 메시아 예수님을 연상시킨다. 유진 피터슨은 "사무엘은 이스라엘 역사상 가장 변화무쌍한 시대를 살았지만 단 한 번도 마음의 평정을 잃은 적이 없다"고 평했다. 그가 살던 시대는 정치적, 종교적, 도덕적으로 혼란스럽고 부패했지만 사무엘은 한결같았다. 이 모든 것은 그의 영성에서 비롯된 것이다. 어려운 시대였지만 하나님은 그분의 마음을 닮은 사람 사무엘, 하나님 마음에 합한 사람 다윗을 통하여 영적인 부흥을 일으키셨다. 사무엘의 영적 리더십의 본질을 알기 전에 사무엘이 자신이 접촉했던 사람들로부터 어떤 교훈을 배웠는지 살펴보는 것은 유익하다.

영성의 중요성

케임브리지대학 현대사 교수 허버트 버터필드는 정치와 인격은 불가분의 관계임을 강조했다.

> "왜 정치에서 기독교적 덕목들을 격리해야 하는지 모르겠다. 내가 말하는 덕목은 겸손, 관용, 자기비판, 그리고 당면한 문제가 섭리 가운데 있는 것으로 받아들이는 자세와 같은 것이다. 또한 마치 자신이 세상에서 절대 주권을 소유한 사람인 것처럼 현안들을 좌지우지하는 것을 삼가는 성품, 다시 말해 자신의 행동이 섭리를 따르고 있는지 살필 수 있는 성품을 의미한다."("International Conflict in the Twentieth Century", 16쪽)

이 말에 동의한다면, 지도자에게 왜 바른 영성이 더욱 필요하지 않겠는가? 사실 사무엘의 탄생 자체가 영성의 길에 놓여 있었다. 위대한 인물들이 그러하듯 그도 불임의 어머니에게서 극적으로 태어났다. 한나는 비록 남편 엘가나의 총애를 받았지만 아이를 낳지 못해 늘 브닌나의 충동질을 당해야 했다. 그때 서글픈 한나가 선택할 수 있었던 유일한 방법은 하나님께 기도하는 것뿐이었다. 가족들이 함께 즐거워하고 있을 때, 한나는 홀로 어두운 회막에서 기도를 드렸다. 참담한 심정에 말도 제대로 잇지 못하고 그저 입술만 달싹거릴 뿐이었다. 하지만 하나님은 우리 입술의 말을 알지 못하는 분이 아니시다.

"여호와여 내 혀의 말을 알지 못하시는 것이 하나도 없으시니이다"(시 139:4).

한나는 기도하는 중에 하나님의 심정을 알게 되었다. 하나님도 그분의 마음에 드는 자녀가 없으셨던 것이다. 그렇게 하나님과 한나의 심정이 통하였다(삼상 1:15). 이제 한나의 기도는 아들을 구하는 기도에서 아들을 드리겠다는 기도로 바뀐다. 한나는 아들을 주시면 하나님께 드리겠노라 서원을 하였고, 하나님께서는 그녀에게 응답하셔서 아들을 주셨다. 사무엘이라는 이름도 한나의 신앙적 고백이다.

"사무엘이라 이름하였으니 이는 내가 여호와께 그를 구하였다 함이더라"(삼상 1:20).

사무엘은 '들어주시는 하나님'이라는 의미로 그의 생명에는 한나의 기도가 들어 있었다. 사무엘은 젖을 뗀 이후부터 회막에서 자라났는데, 정작 대제사장인 엘리와 그의 두 아들 홉니와 비느하스는 백성들에게 본이 되지 못하고 있었다. 오히려 홉니와 비느하스는 다양한 비리를 저지름으로써 백성들의 빈축을 사고 하나님의 영광까지도 땅에 떨어뜨렸다. 하나님께서는 엘리에게 경고하셨다.

"내가 나를 위하여 충실한 제사장을 일으키리니 그 사람은 내 마음, 내 뜻대로 행할 것이라 내가 그를 위하여 견고한 집을 세우리니 그가 나의 기름 부음을 받은 자 앞에서 영구히 행하리라"(삼상 2:35).

여기서 "충실한 제사장"은 누구일까? 하나님의 마음, 하나님의 뜻대로 행하는 사람이다. 그가 바로 사무엘이었다. 한자성어로 근묵자흑(近墨者黑), 근주자적(近朱者赤)이라는 말이 있다. 먹을 가까이 하게 되면 자신도 검어지고, 붉은 색을 가까이 하면 자신도 붉어진다는 말이다. 환경의 중요성을 말하는 것이다. 자신도 모르는 사이에 외부 환경에 동화된다는 뜻이다. 한나는 대제사장 엘리를 믿고 아들 사무엘을 맡겼으나 홉니와 비느하스에게 못된 것만 배울 처지였다. 그러나 다행히 사무엘은 그들을 반면교사로 삼았고 그들처럼 살지 않았다. 홉니와 비느하스뿐이겠는가! 사무엘은 대제사장인 엘리도 타산지석으로 삼았다. 그렇게 영성에 정진한 결과, 사무엘은 "하나님이 그와 함께 계셔서 그의 말이 하나도 땅에 떨어지지 않게" 하신 사람이 되었다(삼상 3:19).

사무엘이 엘리의 실패를 통해 배운 것

사무엘은 엘리의 실패에서 무엇을 배웠을까? 엘리와 두 아들이 실패한 이유는 하나님을 알지 못했기 때문이다. 명색이 대제사장이면서, 가장 하나님을 잘 알아야 하는 입장에 있으면서도 그는 "여호와를 알지 못하더라"(삼상 2:12)라는 평가를 받았다. 그들은 하나님께 드리는 제사를 멸시했다(삼상 2:17). 그들은 하나님을 존중하지 않았다. 엘리는 자신의 아들들을 하나님보다 더 중히 여기는 망령된 행동을 했다(삼상 2:29). 아들이 우상이 되어 바로잡아 주지 못하는 우유부단한 가장이었다. 그들은 하나님께 드려야 하는 공을 사유화 하고, 자신들이 가진 성직으로 영적 남용을 저질렀다. 그들은 자신의 몸만 키우는 목자였다. 그래서 엘리가 대제사장으로 봉직하는 기간 동안 이스라엘에는 말씀과 비전이 없었다.

"여호와의 말씀이 희귀하여 이상이 흔히 보이지 않았더라"(삼상 3:1).

영적 암흑기, 영적 무정부 상태로 빠진 것이다. 엘리, 홉니, 비느하스, 이들에게 주어진 지위는 단순히 특권일 뿐이었다. 의무도 책임도 없었다. 블레셋과의 전쟁을 두고 누구 하나 기도했다는 말이 없다. 근본적인 대처, 영적인 대처를 하기보다 오히려 세상적인 대처, 이성적인 대처를 했다. 블레셋과의 전투에서 사천 명의 이스라엘의 군인이 패하자 군인 숫자를 늘리고 언약궤를 가지고 나갈 생각만을 했다. 고대에는 이방 민족간의 전쟁을 신들의 전쟁이라고 생각했다. 그래서 여호와의 임재의 상징인 법궤를 가져 가면 하나님께서 이스라엘에게 승리를 안겨 주리라 생각했던 것이다. 어찌 보면 합리적이다. 전혀 틀린 말이 아니다.

하지만 아무리 법궤라도 하나님이 빠지면 그것은 미신에 불과할 뿐이다. 언약궤보다 하나님에게 집중했어야 했다. 하나님 없는 언약궤는 나무박스일 뿐이다. 하나님 없이 법궤만 들고 나간 전쟁은 완패였다. 전에는 사천 명이 전사했지만 이번에는 삼만 명이 전사했다. 그리고 법궤까지 블레셋에 탈취 당했다. 하나님의 언약궤를 블레셋에게 빼앗긴 것은 당시의 유대 종교를 하나님이 심판하신 것이었다. 그래서 홉니와 비느하스가 죽었고, 그 소식을 들은 엘리도 죽었고, 또 그 소식을 들은 비느하스의 아내도 산통이 와 아이를 해산하면서 아이의 이름을 '이가봇'이라 짓고 죽었다. 이가봇은 하나님의 '영광이 이스라엘에서 떠났다'는 뜻이다. 엘리와 두 아들이 봉직하는 기간 동안, 이스라엘은 영적으로 이가봇 상태였다. 하나님의 임재가 떠난 상황이었다. 이렇게 한 시대가 마감되었지만, 그들이 남긴 죄의 영향력은 이스라엘이 주권과 영토를 잃는 데까지, 20년에 걸쳐 블레셋의 압제를 당하는 데까지 영향력을 끼쳤다.

사무엘이 사울의 실패를 통해 배운 것

사무엘이 제사장, 선지자, 사사의 삼중직을 이어 받아 다스리자, 이스라엘은 영적으로 회복하고 부흥했다. 하지만 사무엘 말년에 백성들은 왕을 요구했다. 왕 되신 하나님을 놔두고 인간 왕을 요구한다는 것 자체가 하나님을 모독하는 일이었지만, 하나님은 이를 허락하셔서 왕을 세우셨다. 이스라엘에 왕정이 도입되는 순간이었다. 하지만 이스라엘의 왕정은 세상의 왕권과는 다른 것이어야 했다. 사람이 다스리는 통치가 아니라 하나님이 다스리는 통치가 구현되어야 했다. 사람이 왕이 되더라도 하나님의 뜻을 받드는 통치가 되어야 했다. 이것은 이집트의 제국주의와 계급주의, 가나안의 중앙집권적 봉건주의와는 다른 것이었다. 이스라엘은 반제국주의, 반봉권주의의 평등한 부족 연합체였기 때문이다. 따라서 바른 영성을 가지고 하나님을 섬기는 지도자가 선출되어야 했다. 그래서 초기에는 왕을 '나기드'(nagid)라 하여 왕자와 같은 개념으로 다른 왕들과 구별하였다. 그러나 아쉽게도 사울은 이런 영성을 지니지 못하여 이스라엘의 운명에 먹구름을 드리웠다.

사울은 왕이 되기 전에는 겸손했던 사람이었다. 하지만 왕이 되고 난 뒤에는 교만하여져서 자기 영광만을 구했고 하나님의 뜻을 온전히 순종하지 않았다.

"나는 이스라엘 지파의 가장 작은 지파 베냐민 사람이 아니니이까 또 나의 가족은 베냐민 지파 모든 가족 중에 가장 미약하지 아니하니이까"(삼상 9:21).

사울이 사무엘을 처음 만났을 때는 이렇게 겸손했다.

"사무엘이 이르되 왕이 스스로 작게 여길 그 때에 이스라엘 지파의 머리가 되지 아니하셨나이까 여호와께서 왕에게 기름을 부어 이스라엘 왕을 삼으시고"(삼상 15:17).

지도자의 자질 가운데 하나는 하나님의 권위 아래 있는 겸손이다. 겸손하면 하나님이 "성령"과 "새 마음"을 주셔서 "새 사람"이 되게 하신다.

사울은 왕이 된 후에 군사력을 잘 조직하고 운용하여 많은 전공을 세우고 승리했다. 하지만 믿음의 선한 싸움에서는 실패했다. 승리를 자신의 공으로 돌렸고 자신을 위한 기념비를 세웠다(삼상 15:12). 거룩한 전쟁을 탐욕의 전쟁으로 만들었다. 전리품으로 자신의 욕심을 채우고, 사람들의 인기를 얻기 위해 세상적 술수를 부렸다. 하나님께서 사무엘을 통해 이스라엘의 숙적인 아말렉 족속을 진멸하라는 명령을 하셨을 때, 사울 왕이 보인 행동은 불순종이었다. 부분적인 순종은 불순종이다.

> "사울과 백성이 아각과 그의 양과 소의 가장 좋은 것 또는 기름진 것과 어린 양과 모든 좋은 것을 남기고 진멸하기를 즐겨 아니하고 가치 없고 하찮은 것은 진멸하니라"(삼상 15:9).

어디에서 들어본 것 같지 않는가? 이것은 홉니와 비느하스가 제물 가운데 좋은 것들은 먼저 가로채고, 나머지 맛없는 부위들만 태워 드렸던 것과 유사한 행위였다(삼상 2:13-17). 제사를 형식으로 만드는 것이었고, 하나님을 우상으로 만드는 것이었다. 과연 이런 행위를 하나님께서 모르셨을까? 물론 사울은 좋은 짐승을 남긴 이유가 하나님께 제사 드리기 위함이라고 변명했다.

"나의 불순종은 하나님께 제사를 드리기 위함이었다."

선한 동기에서 불순종했다는 것인데, 이는 말이 되지 않는 궤변이다. 이에 대해 사무엘은 아주 따끔하게 진리의 말씀을 전했다.

> "사무엘이 이르되 여호와께서 번제와 다른 제사를 그의 목소리를 청종하는 것을 좋아하심 같이 좋아하시겠나이까 순종이 제사보다

낫고 듣는 것이 숫양의 기름보다 나으니 이는 거역하는 것은 점치는 죄와 같고 완고한 것은 사신 우상에게 절하는 죄와 같음이라 왕이 여호와의 말씀을 버렸으므로 여호와께서도 왕을 버려 왕이 되지 못하게 하셨나이다"(삼상 15:22-23).

불순종이라고 해서 무조건 반항하는 것만은 아니다. 모든 것을 다 준수한 것처럼 보이지만 사소하게 보이는 몇 가지를 자기 마음대로 하는 것도 불순종이다. 부분적 순종이란 없다. 그것은 죄요, 거역이요, 우상숭배요, 완악함이요, 하나님의 말씀을 저버리는 것이다. 그러면 결국 자신도 하나님께 버림을 받게 된다.

하나님께 버림을 받는 엄중한 순간에도 사울의 관심은 오직 사람들의 눈에 자신이 어떻게 보일까 하는 데에 있었다. 회개를 해야 마땅한 순간에 사울은 사무엘 겉옷자락이 찢어지도록 붙들고 늘어지면서 이것을 구했다.

"사울이 이르되 내가 범죄하였을지라도 이제 청하옵나니 내 백성의 장로들 앞과 이스라엘 앞에서 나를 높이사 나와 함께 돌아가서 내가 당신의 하나님 여호와께 경배하게 하소서"(삼상 15:30).

체면을 세워달라는 것이었다! 그는 세평에만 관심을 두었던 것이다. 그의 영적인 눈이 어떻게 그렇게까지 어두워졌을까?

"눈이 나쁘면 온몸이 어두울 것이니 그러므로 네게 있는 빛이 어두우면 그 어둠이 얼마나 더하겠느냐?"(마 6:23).

믿음으로 순종하는 삶을 겸손하게 살지 않으면, 시류에 편승하여 자신의 업적이나 쌓으며 이름을 내면서 사는 사울의 인생이 될 수 있다. 사무엘은 사울 왕에게서 촛대가 옮겨지는 것을 분명히 보았다. 하나님에 의해 버림받은 이후에 사울은 시기하고 경쟁하는 데 자신의 정력과 군사력을 소진했다. 차세대 지도자인 다윗을 죽이려고 애를 썼다.

"사울은 천천이요, 다윗은 만만이로다."

도저히 견딜 수 없는 백성의 소리였다. 이후 사울은 다윗 한 명을 잡기 위해 전력을 기울이는 분주하나 무의미한 삶을 살았다. 실상 그는 쫓는 자가 아니라 쫓기는 자였다. 아마도 온갖 불안과 근심으로 하루도 편안한 날이 없었을 것이다. 결국 그는 모든 사람의 슬픔의 원인이 되었다.

"사무엘이 죽는 날까지 사울을 다시 가서 보지 아니하였으니 이는 그가 사울을 위하여 슬퍼함이었고 여호와께서는 사울을 이스라엘 왕으로 삼으신 것을 후회하셨더라"(삼상 15:35).

사무엘이 다윗을 세우는 과정을 통해 배운 것

사울이 버림받은 뒤, 하나님께서는 사무엘에게 베들레헴 이새의 아들 중 한 명에게 기름을 부어 왕으로 삼으라고 하셨다. 이새에게는 여덟 명의 아들이 있었지만, 사무엘은 누가 대상자인지 알지 못한 채 하나님의 인도하심을 따라 그 집을 찾아갔다. 제일 나이가 많고 키도 크고 용모도 훤칠한 엘리압을 보았을 때, 사무엘은 그가 하나님이 선택하신 왕일 것이라고 생각했다. 하지만 하나님은 "아니라"고 하셨다. 그렇게 일곱 명의 아들들이 한 명씩 나아왔지만 그때마다 하나님은 "아니라"고 하셨다. 하나님이 택해 놓으신 왕은 가정 내에서도 별 볼 일 없어 들에서 양을 치고 있던 다윗이었다. 하나님은 사무엘에게 인간이 보는 것과 다른 관점을 지니고 계심을 알려 주셨다.

"내가 보는 것은 사람과 같지 아니하니 사람은 외모를 보거니와 나 여호와는 중심을 보느니라"(삼상 16:7).

사무엘은 하나님의 감동에 따라 자신의 생각을 바꾸는 것을 배웠다. 다윗은 부름 받은 삶, 목적이 이끄는 삶을 살았다. 다윗은 하나님의 마음에 합한 자였다. 사무엘은 다윗에게 기름을 부어 왕으로 세웠지만 그가 즉위하는 모습, 통치하는 것은 보지 못하고 죽었다. 도리어 그 기름 부음으로 인해 다윗이 사울 왕에게 핍박받고 쫓기는 안타까운 모습만을 보다가 하나님의 부르심을 입었다. 하지만 자신의 영적 적통(嫡統)은 다름 아니라 다윗임을 의심하지 않았다. 이스라엘을 구원하시려는 하나님의 뜻은 사무엘 선지자와 다윗 왕을 통해 성취되었다.

사무엘의 영적 리더십의 근간

사무엘서에 나오는 네 명의 리더 중, 사무엘은 다른 세 명의 리더와 직간접적인 접촉을 갖고 있었다. 사무엘은 각자의 다양한 리더십과 영성을 보면서 깨닫는 것이 많았을 것이다. 그는 잘못된 리더십이 파멸해 가는 과정을 지켜 보았고, 한 명의 올바른 리더십이 이제 막 세워져 가는 과정을 보았다. 그렇다면 사무엘 자신의 영성 리더십의 요체는 무엇이었을까?

첫째, 기도의 영성

사무엘의 좋은 점들은 어머니 한나에게서 온 것이 많았다. 그 중에 기도의 영성이 그러했다. 한마디로 그는 모태 신자였다. 한나는 기도하는 어머니였다. 서원으로 기도하고, 감사로 기도했다. 그리고 그렇게 어렵게 얻은 아들을 하나님께 바친 영성의 소유자였다. 이런 기도의 영성은 사무엘을 어릴 적부터 기도하는 아이로 만들어 주었다. 기도하는 어머니는 기도하는 아들을 낳는다. 사무엘은 기도하는 영성으로 충만한 사람이었다. 그런 기도 영성이 미스바의 기도 운동을 이끌었다. 미스바의 기도 운동으로 회개와 헌신이 일어났고 민족적 부흥이 일어났다.

"온 이스라엘은 미스바로 모이라 내가 너희를 위하여 여호와께 기도하리라"(삼상 7:5).

블레셋과의 전투에서 승리한 후에 기념비를 세웠는데 그 돌의 이름은 '에벤에셀'이었다. '도움의 돌'이라는 의미로, 여기에는 모든 것이 다 하나님의 섭리적 도우심으로 이루어졌다는 신앙적 고백이 담겨 있다. 사무엘은 은퇴할 때 백성들을 독려하면서 하나님으로부터 벗어나지 말라고 촉구했다. 자신 역시 민족을 위한 기도를 쉬지 않겠노라 다짐했다.

"나는 너희를 위하여 기도하기를 쉬는 죄를 여호와 앞에 결단코 범하지 아니하고 선하고 의로운 길을 너희에게 가르칠 것인즉"(삼상 12:23).

기도의 영성의 중요성은 아무리 강조해도 지나침이 없다. 당장 눈에 어떤 변화를 일으키는 것처럼 보이지 않을지라도 기도는 중요하다. 기도의 영성만이 우리 마음을 지킬 수가 있다.

"모든 지킬 만한 것 중에 더욱 네 마음을 지키라 생명의 근원이 이에서 남이니라"(잠 4:23).

건강, 가정, 재물, 지위도 지켜야 하지만 우리는 무엇보다 먼저 마음을 지켜야 하는데, 그것은 기도의 힘밖에 없다. 기도는 보이지 않는 세계를 움직임으로써 보이는 세계에 반향을 일으킨다. 보이는 것은 보이지 않는 것에 의해서 결정되기 때문이다.

둘째, 순종의 영성

엘리와 사울은 하나님께 버림받았는데, 둘 다 하나님의 말씀에 불순종했다는 공통점이 있다. 이런 사실을 곁에서 지켜 본 사무엘은 결코 하나님께 불순종할 수 없었다. 그는 하나님께서 말씀하시면 어디든 가며, 누구에게든 말을 전하는 참된 선지자였다. 예를 들어, 사울 왕이 불순종하여 아말렉 왕 아각을 살리고 좋은 짐승들을 남겼을 때는 하나님의 심정으로 왕을 책망했다. 비록 자신이 기름 부어 왕으로 세웠지만, 당시 사울은 최고의 권력을 가진 왕이었다. 과연 당신이었다면 하나님의 냉혹한 메시지를 그렇게 담대하게 전달할 수 있었겠는가? 사무엘은 결연하게 그 일을 수행했다. 왕권을 두려워하지 않고 하나님께 순종했다.

사무엘의 순종은 다윗에게 기름을 부을 때도 등장한다. 그는 사울 왕의 감시와 견제를 무릅쓰고 베들레헴까지 갔다. 그리고 이새의 아들에게 기름을 부었다. 그것은 자신의 소견에 옳은 대로 기름을 부은 것이 아니었다. 그의 귀는 하나님의 말씀에 집중되어 있었기에 하나님의 뜻에 맞게 기름을 부을 수가 있었다. 일생 동안 자신의 말이 땅에 떨어지는 법이 없었던 사무엘, 그 비결은 그 어떤 상황 가운데서도 하나님께 절대 순종했다는 것이다. 엘리 제사장의 말이라도 하나님의 말씀으로 듣고, 울음을 그치고 집에 돌아간 한나처럼 말이다. 사무엘서의 핵심 구절은 "나를 존중히 여기는 자를 내가 존중히 여기고 나를 멸시하는 자를 내가 경멸하리라"(삼상 2:30)이다. 우리의 위상은 하나님에 대한 태도로 결정된다. 하나님께 순종하는 자는 하나님이 높여 주시고, 하나님께 불순종하는 자는 하나님이 낮추신다. 그것이 한나와 엘리, 사무엘과 홉니와 비느하스, 다윗과 사울의 차이이다.

셋째, 비움의 영성

사무엘은 사역을 하는 동안 사심을 다 내려놓았다. 그는 결코 자신의 직위와 직분을 이용해서 이득을 보지 않았다. 새는 뼛속까지 비워냈기에 높이 날 수 있다고 한다. 사무엘은 자신을 비웠기에 위대한 지도자로 남을 수 있었다. 사무엘은 은퇴할 때에 자신의 리더십을 회고하면서, 다섯 가지 질문을 백성에게 공개적으로 던졌다.

"내가 누구의 소를 취했는가?"

"나귀를 탈취했는가?"

"누구를 속였는가?"

"누구를 압제했는가?"

"뇌물을 받았는가?"

"그리하였으면 내가 그것을 너희에게 갚으리라."

이것은 자신의 직분이나 힘을 남용했는가, 그것을 통해 부당한 이득을 취했는가에 대한 질문이었다. 이것은 은퇴 때보다 현직에서 직무를 수행할 때에 스스로에게 물어야 할 질문이다. 그러면 나중에 이렇게 자신 있게 물을 수 있을 것이다. 이 모든 질문에 백성들과 신임 왕은 "아니오"라고 이구동성으로 응답했다.

"그들이 이르되 당신이 우리를 속이지 아니하였고 압제하지 아니하였고 누구의 손에서든지 아무것도 빼앗은 것이 없나이다"(삼상 12:4).

온 백성을 모아 놓고 자신의 전 생애의 사역에 대해 이렇게 도전적으로 말할 수 있는 리더십은 비움의 영성이 있을 때에만 가능한 것이다. 사무엘은 바로 그런 인물이었다. 오늘날 부패와 비리로 사역의 후반과 은퇴 이후가 아름답지 못한 사역자가 많다는 것을 고려해 볼 때, 이는 우리에게 시사해 주는 바가 크다. 인생과 사역의 유종의 미는 비울 때 완성된다.

'은퇴 고별사'를 준비하는 사역

국가나 사회에 막강한 영향력을 발휘한 인물들이 많이 있다. 하지만 권력의 중심에 섰던 사람들 가운데 최후가 비참하거나 아름답지 못한 사람도 아주 많이 있다. 욕심을 부리다가 추하게 마감하는 사람도 많이 있다. 정상에 오르는 것도 중요하지만 하산을 잘하는 것도 매우 중요하다. 그러려면 미리부터 준비를 해야 하다. 우리의 사역의 끝에서 자신의 영적 명세서를 하나님 앞에 내놓아야 한다. 지도자와 백성들에게 선한 증언을 들을 수 있어야 한다. 오늘 본문의 내용은 사무엘이 은퇴하는 모습인데, 그의 퇴장은 아름다웠다.

영성의 리더십을 지닌 사무엘의 삶을 요약하면 다음과 같다.

① 그는 성직자로서 평생을 깨끗하게, 투명하게 살았다.
② 그는 온 백성의 신뢰와 지지를 받으면서도 왕이 되는 것을 거부했고 자신의 본분을 지켰다. 그는 킹메이커의 역할을 수행하였지만 어떤 권세도, 반대급부도 원하지 않았다.
③ 그는 민족이 위기를 맞을 때마다 앞장서서 국난(國難)을 극복했다.
④ 그는 은퇴한 후에 고향인 라마에 돌아가 '라마 나욧' 훈련공동

체를 세우고, 미래의 지도자를 모아 말씀을 가르치며 비전을 나누면서 민족의 진로를 함께 모색하였다.

우리는 은퇴 이후에도 사무엘의 영적 영향력이 강력했음을 확인할 수 있다.

"사울이 다윗을 잡으러 전령들을 보냈더니 그들이 선지자 무리가 예언하는 것과 사무엘이 그들의 수령으로 선 것을 볼 때에 하나님의 영이 사울의 전령들에게 임하매 그들도 예언을 한지라"(삼상 19:20).

사울이 세 차례에 걸쳐 라마 나욧에 사람을 보냈는데 그때마다 하나님의 영이 임하여 그들이 예언을 했다. 마지막에는 사울도 그곳에 갔다가 벗은 몸으로 예언을 했다. 이것이 바로 사무엘의 영적 감화력의 크기이다. 이것이 사무엘의 마지막 기사이다. 그는 죽기 직전까지도 성령 충만한 영성의 리더였다.

PART **13**

격려의
리더십

리더는 격려를 통해
팔로워의 가능성을 키워 나간다

사사기 4:4-10 　¹그 때에 랍비돗의 아내 여선지자 드보라가 이스라엘의 사사가 되었는데 ⁵그는 에브라임 산지 라마와 벧엘 사이 드보라의 종려나무 아래에 거주하였고 이스라엘 자손은 그에게 나아가 재판을 받더라 ⁶드보라가 사람을 보내어 아비노암의 아들 바락을 납달리 게데스에서 불러다가 그에게 이르되 이스라엘의 하나님 여호와께서 이같이 명령하지 아니하셨느냐 너는 납달리 자손과 스불론 자손 만 명을 거느리고 다볼 산으로 가라 ⁷내가 야빈의 군대 장관 시스라와 그의 병거들과 그의 무리를 기손 강으로 이끌어 네게 이르게 하고 그를 네 손에 넘겨 주리라 하셨느니라 ⁸바락이 그에게 이르되 만일 당신이 나와 함께 가면 내가 가려니와 만일 당신이 나와 함께 가지 아니하면 나도 가지 아니하겠노라 하니 ⁹이르되 내가 반드시 너와 함께 가리라 그러나 네가 이번에 가는 길에서는 영광을 얻지 못하리니 이는 여호와께서 시스라를 여인의 손에 파실 것임이니라 하고 드보라가 일어나 바락과 함께 게데스로 가니라 ¹⁰바락이 스불론과 납달리를 게데스로 부르니 만 명이 그를 따라 올라가고 드보라도 그와 함께 올라가니라

하 나 님 의 리 더 세 우 기

히브리어로 사사는 '쇼페트'(shophet)로 '재판관'을 의미하지만 사실은 '목자'에 더 가깝다. 사사는 나라가 위기에 처하면 하나님의 영에 감동하여 권위를 가지고 나아가 민족을 구원하였다. 사사에게 "여호와의 영"이 임했는데, 사사의 리더십은 성령님의 능력과 은사로 나타났다. 모세도 백성이 여호와의 영을 받게 되면 선지자가 되어 민족을 이끌 수 있는 지도자가 될 수 있다고 여호수아에게 말한 적이 있다.

"여호와께서 그의 영을 그의 모든 백성에게 주사 다 선지자가 되게 하시기를 원하노라"(민 11:29).

사사 리더십의 특징은 하나님의 영에 사로잡히는 것이다. 카리스마적 지도자라고 할 수 있다. 현대에는 성령님의 사역이 카리스마뿐 아니라 위로하고 격려하시는 분으로 더욱 알려지고 있다. 그런데 드보라가 바로 이런 성령의 은사를 받은 사사였다.

본문은 가나안 왕 야빈과 군대장관 시스라가 철병거 900승을 거느리고 이스라엘을 정복하였고, 그 후 20년 동안 이스라엘은 가나안의 학대를 받았다는 내용으로 시작하고 있다. 이때 백성들이 회개하며 하나님께 부르짖자, 인자하신 하나님은 사사를 구원자로 보내주신다. 사사기의 전형적인 영적 사이클을 그대로 보여 주고 있다.

> 이스라엘 백성의 범죄 → 여호와께서 그들을 이방민족에게 넘겨 학대 당하게 하심 → 그들이 고통 중에 하나님께 부르짖음 → 하나님께서 그들을 불쌍히 여기셔서 구원자로 사사를 세우심 → 사사에 의해서 구원을 얻음 → 이스라엘 백성의 범죄…

사사기는 이런 사이클을 반복하고 있다. 하나님께서는 가나안 왕 야빈의 학대로부터 이스라엘을 구원할 사사로 드보라를 세우셨다. 13명의 사사 중 유일한 여성이었다. 드보라는 '꿀벌'이라는 의미이다. 그녀는 랍비돗의 아내요 여선지자였는데, 사사로도 부름 받게 된 것이다. 드보라는 한 남자의 아내와 아이들의 어머니였다. 드보라는 딸, 아내, 어머니, 며느리 같은 여성 역할에다 선지자와 사사까지 다양한 역할을 수행한 '멀티플레이어'(multi-player)였던 것이다. 그녀는 라마와 벧엘 사이 드보라의 종려나무 아래에서 사사의 역할을 수행했다고 기록되어 있다. 추측하건대, 드보라는 '엄마형 리더십'을 구사했을 것이다. 그 안에는 여성적 리더십, 유연한 리더십, 수평적 리더십, 관계 지향적 리더십, 소통 중심의 리더십, 격려와 배려의 리더십이 있다. 이것들이 바로 21세기가 요구하는 리더십이다. 권위적이고, 수직적이고, 경쟁적이고, 성취지향적인 남성적 리더십과는 대비되는 것이다. 홀로 공격하고 쟁취하는 '상어형 리더십'과 대조되는, 함께 소통하며 협력하는 '돌고래형 리더십'이다.

우경진 교수는 '엄마형 리더십'을 다음과 같이 설명했다.

> "모든 산업의 라이프 사이클이 짧아지고 역동성이 커지면서 리더는 변화에 유연하게 대처하고 한 번에 효율적으로 다양한 역할(엄마, 아내, 딸, 며느리, 학부모)을 해내는 여성적 역량이 요구된다. 이런 변화는 경영 마인드에서 배척되어 온 여성적 가치를 재평가하는 계기가 됐다."

즉, 엄마형 리더는 팀워크와 의사소통을 중시하고, 권한과 책임은 적극적으로 위임하되, 상명하달식의 지도보다 마치 엄마가 아이를 돌보듯 고객과 조직 구성원을 먼저 배려하고 세심하면서도 따뜻하게 살피는 감성적 리더이다. 우 교수는 엄마형 리더십의 특징을 꼼꼼함, 유연성, 서비스 정신 이 3가지로 설명한다. 앞으로 조직에서 필요한 것은 직원을 칼날처럼 짓누르거나 예리하게 재단하는 불굴의 남성적 기업가 정신이 아니라 엄마처럼 세세하게 보살펴 주는 배려의 정신이라는 설명이다. 그러면서 엄마형 리더십을 구현하기 위한 10가지 법칙을 제시했다.

> 법칙 1. 언제 어디서나 책임감이 기본이다
> 법칙 2. 버드나무처럼 휘는 유연성으로 승부하라
> 법칙 3. 철저한 시간 관리로 재충전의 여유를 확보하라
> 법칙 4. 대의명분 이상의 알찬 비전을 제시하라
> 법칙 5. 힘을 나누고, 나누고, 또 나눠라
> 법칙 6. 목적이 아닌 관계 지향적 네트워크를 중시하라
> 법칙 7. 필요하면 남성적 성향도 적극적으로 받아들여라
> 법칙 8. 포커페이스를 버리고 투명한 커뮤니케이션을 지향하라
> 법칙 9. 안정과 변화 사이의 줄다리기를 두려워 말라
> 법칙 10. 미래를 향한 최고의 리더십은 '엄마형 서비스 리더십'이다
>
> (「엄마형 리더십」, 우경진)

드보라는 어머니처럼 사람들의 형편과 사정을 살폈다. '드보라의 종려나무' 밑에서 지혜와 분별력으로 사람들 사이의 시비를 가려 주었고, 상담자 역할까지 했다. 그녀는 하나님의 영에 감동되어 하나님 말씀을 전달해 주는 선지자였다. 그녀는 영적인 권위를 가지고 있었다. 이러한 권위는 어떤 지위나 직책으로 주어지는 것이 아니라 사람들의 자발적인 인정으로 주어지는 것이다. 왕이 없어 제 소견에 옳은

대로 행하던 시대, 그 어떤 권위도 인정하려 하지 않던 시대에 사람들이 드보라의 종려나무 밑에 와서 판결을 듣고 순복했다는 것 자체가 그녀의 권위를 대변해 주고 있다. 다른 사사들은 군사적인 위용을 떨쳐 민족을 구원한 뒤에 사사로 인정되어 재판의 업무를 수행한 것과 사뭇 대조를 이룬다.

드보라는 직접 군대를 지휘하지는 않았지만 바락을 세워주고 격려하여 그가 용사가 될 수 있도록 했다. 아비노암의 아들 바락을 불러서 하나님의 말씀을 전달하고 사명을 감당하도록 격려했다.

"내가 야빈의 군대 장관 시스라와 그의 병거들과 그의 무리를 기손 강으로 이끌어 네게 이르게 하고 그를 네 손에 넘겨주리라 하셨느니라"(삿 4:7).

그러나 바락은 드보라가 동행해 줄 것을 요구하며 그녀의 권위와 신뢰를 자신에게 부여해 줄 것을 부탁했다.

"만일 당신이 나와 함께 가면 내가 가려니와 만일 당신이 나와 함께 하지 아니하면 나도 가지 아니하겠노라"(삿 4:8).

어찌 보면 바락은 믿음이 없는 것처럼 보인다. 하나님의 말씀이 명백히 그에 귀에 들려졌는데, 드보라의 동행 여부에 따라 자신이 갈지 말지를 결정한다는 것은 바락의 영적 수준을 드러내는 것이 아닌가 하는 생각이 든다. 그러나 바락의 두려움은 이해할 만하다. 가나안 왕 야빈이 갖고 있다는 철병거 9백 대는 가나안의 우월한 군사력의 상징이었다. 당시 철기 제품을 만들 수 있다는 점, 그 철기를 활용해서 병거를 제작할 수 있다는 것은 그들의 기술력과 군사력의 수준이 어느 정도인가를 가늠케 한다. 신속성과 기동성, 파괴력에서 두려움의 대상이 되었을 것이다. 이로 인해 이스라엘은 학대를 당해야 했을 것이다. 하지만 바락이, 전쟁은 여호와께 속한 것임을 분명히 알고 있었더라면 "아멘" 하고 나아갔을 것이다.

그런데 만약 바락이 두려움 때문에 한 말이 아니라면, 그것은 자신에게 부족한 신용을 드보라에게 빌려 달라는 의미로 해석해야 할 것이다. 즉, 드보라가 갖고 있던 영적 권위를 빌려 달라는 것이다. 한국에서 미국으로 이민을 간 사람은 처음에 미국사회에 정착하기가 매우 힘들다. 집을 얻으려 해도 신용이 없기 때문에 월세를 얻을 수가 없다. 직장이나 자동차를 구할 때도 마찬가지이다. 이런 문제 때문에 미국에서는 집을 빌릴 때 'co-sign 제도'를 둔다. 즉, 연대 보증의 형식인데, 이는 '이 사람의 신용을 내가 보증하며, 만약 문제가 생기면 대신 지불하겠다'는 의미이다. 드보라는 바락을 보증해 주는 것이다.

드보라는 그에게 동행을 약속하면서 독려해 주었다.

"내가 반드시 너와 함께 가리라"(삿 4:9).

전투 현장에 있을 때, 드보라는 바락을 격려하여 용기를 불어넣었다.

"일어나라 이는 여호와께서 시스라를 네 손에 넘겨주신 날이라 여호와께서 너에 앞서 나가지 아니하시느냐"(삿 4:14).

이와 같이 드보라는 문제를 직시하였고, 확실한 목표를 제시하였으며, 하나님께 대한 믿음을 북돋아 주었다. 여기에 드보라의 믿음과 도전 정신, 격려와 배려가 나온다.

출전하는 이스라엘

바락은 드보라의 격려를 받고 갈릴리의 게데스로 가서 납달리 자손과 스불론 자손 일만 명을 소환했다. 당시에는 이스라엘이 '느슨한' 12부족 지파 연맹체를 이루고 있었기 때문에, 거족적인 특정 지파만의 전투를 벌였다. 갈릴리 주변에 몇 개의 지파가 더 있었는데, 그들은 소환을 하지 않았거나 그들이 소환에 응하지 않았을 수도 있다. 그래도 두 지파에서 일만 명이 모였다는 것은 대단한 일이었다. 이 일은 바락 때문이 아니라 드보라가 있었기에 가능한 일이었을 것이다. 사람을 모이게 하는 것이 그녀의 능력이었다.

바락이 다볼산에 올랐다는 이야기를 가나안 왕 야빈과 그의 군대 장관 시스라가 듣게 되었다. 반역임을 직감한 시스라는 곧바로 병거 900대와 군사를 기손 강에 집결시켰다. 이제 이스라엘과 가나안의 일전이 이스르엘 평지, 기손 강 주변에서 펼쳐질 것이다. 군사 전술상으로 볼 때 이스라엘은 평지를 피했어야 했다. 평지에서는 병거가 대단한 위력을 발휘하기 때문이다. 따라서 약세인 이스라엘이 가나안을 상대로 싸우려면 차라리 인근에 있는 길보아 산지 쪽을 택해야 했다. 하지만 하나님의 지시에 따라 이스라엘은 다볼산에 올라 집결했고, 곧 전투는 평지에서 벌어지게 되었다. 하나님께서 이전에 드보라를 통해 가나안을 격파하되 저들의 주무대인 '기손 강'에서 하겠다고 약속하셨기 때문이다.

이렇게 해서 전투가 시작되었다. 이스라엘은 불리한 시간에, 불리한 장소에 나와 있었지만 하나님께서 도우셨다.

> "여호와께서 바락 앞에서 시스라와 그의 모든 병거와 그의 온 군대를 칼날로 혼란에 빠지게 하시매"(삿 4:15).

위의 말씀을 보면 여호와께서 개입하셨다고 나온다. 여호와께서 시스라의 군대를 칼날로 치셔서 그들을 혼란에 빠뜨리셨다. 여기서 "혼란에 빠지다"라는 표현은 홍해에서 애굽 군대가 보였던 모습이다.

하나님은 폭우로 기손 강을 범람하게 하셔서 시스라와 그의 모든 병거가 진흙에 빠트리셨다.

"기손 강은 그 무리를 표류시켰으니 이 기손 강은 옛 강이라 내 영혼아 네가 힘 있는 자를 밟았도다"(삿 5:21).

그때는 건기여서 비의 염려가 거의 없는 때였다. 그래서 마음 놓고 병거를 몰고 나왔는데, 폭우로 길이 막혔을 뿐 아니라 길이 질퍽해 바퀴가 빠져 꼼짝달싹 못하게 되었다. 이때 하나님께서 시스라 군대에 무질서와 혼란과 두려움으로 임하셨고, 전열을 상실한 그들은 쉽게 이스라엘에게 격파되었다. 기손 강은 평소에는 도랑물이었다가 비가 내리면 많은 물이 차게 된다. 따라서 시스라의 패전은 의외의 결과였고, 이는 하나님이 개입하신 증거였다.

이 전투에서 드보라는 격려하는 역할을 하고 있다. 사사기 5장의 시는 드보라와 바락이 전승한 후에 읊조린 이중창으로, 이 결전의 과정 속에서 드보라가 어떤 역할을 했는지를 잘 드러내고 있다.

"깰지어다 깰지어다 드보라여 깰지어다 깰지어다 너는 노래할지어다 일어날지어다 바락이여 아비노암의 아들이여"(삿 5:12).

드보라는 자신을, 그리고 지도자 바락과 백성들을 일깨우고 있다. 드보라는 국모 "이스라엘의 어머니"(삿 5:7)가 되어 있었다. 이방민족의 학대를 받는 민족의 격려자가 되어 있었다. 여성으로서 전투의 현장에 있는 것은 두려움일 수 있었다. 하지만 그녀는 담대히 바락을 붙들어 주었고 또한 많은 백성을 격려하며 길을 지도해 주었다. 드보라의 격려로 백성들은 "죽음을 무릅쓰고 목숨을 아끼지 아니하여" 결국 승리를 얻을 수 있었다(삿 5:18).

여호와 하나님께 낭패를 당한 시스라는 휘하 군사들과 정반대 방향으로 도주했다. 패잔병들은 서쪽으로, 즉 그들의 주둔지인 하로셋학고임으로 철수했다가 추격해 온 이스라엘에게 전멸 당했다. 시스라는 혼란한 틈을 타서 동쪽으로 도주했다. 군대 장관 시스라가 야엘의 장막에 이르렀을 때, 헤벨의 아내 야엘이 그를 반갑게 맞아주었다. 가나안 왕 야빈과 야엘의 집안은 서로 친목이 있었기 때문이다. 야엘은 그를 환대하여 이불로 덮어 주고 목이 마르다 하니 엉긴 젖도 가져다주었다. 그러나 시스라가 깊이 잠들자, 야엘은 장막 말뚝을 그의 관자놀이에 박아 죽였다. 천하의 시스라 장군이 여인의 손에 죽은 것이다.

"여호와여 주의 원수들은 다 이와 같이 망하게 하시고 주를 사랑하는 자들은 해가 힘 있게 돋음 같게 하시옵소서"(삿 5:31).

그 후 드보라가 사사로 다스리던 기원전 1216년부터 40년 동안 평화가 찾아왔다.

격려의 리더십

다른 사사와 달리 가나안 왕 야빈과 그의 군대 장관 시스라로 부터 민족을 구한 인물은 드보라, 바락, 그리고 야엘 이 삼인방이었다. 전쟁의 공이 누구 하나에게 돌아가지 않고 골고루 나누어졌고, 서로 자신의 일을 수행하면서 협력했다. 특별히 드보라와 야엘, 두 위대한 여인의 역할이 두드러져 보인다. 드보라는 이 모든 일을 가능하게 해 준 모체였다. 그리고 야엘은 종결자였다. '믿음 장'이라고 불리는 히브리서 11장에는 사사들의 명단이 나와 있다.

"…기드온, 바락, 삼손, 입다, 다윗 및 사무엘…"(히 11:32).

그런데 드보라 대신 바락이 나온다. 바락을 세워주고 드보라는 뒤로 빠진 것이다. 하지만 우리는 드보라의 중심적 역할을 잘 알고 있다. 자식들이 공을 세우도록 도와주고 조용히 무대 뒤로 사라진 엄마의 모습이 여기에서 보인다. 이처럼 현대사회는 동기를 유발하고 격려하고 세워주는 사람, 서로 연합하여 좋은 팀워크를 이룰 수 있는 배려하는 리더십이 필요하다.

"또 형제들아 너희를 권면하노니 게으른 자들을 권계하며 마음이 약한 자들을 격려하고 힘이 없는 자들을 붙들어 주며 모든 사람에게 오래 참으라"(살전 5:14).

리더는 부하들을 유능하게 해 주는 사람이다.

> "리더는 스스로가 뛰어나다는 점을 굳이 입증하려 할 필요가 없어. 출중한 부하들에게 능력을 마음껏 펼칠 수 있도록 기회만 만들어 주면 되는 거야. 유능한 부하들과 일한다는 것 자체가 뛰어난 리더라는 점을 증명하는 거라고."(『배려』, 한상복)

예수님도 격려하시는 사역을 많이 하셨다. 어부들을 제자로 부르셨을 때에도 "나를 따라 오너라 내가 너희로 사람을 낚는 어부가 되게 하겠다"고 하셨다. 기적적인 고기잡이 후에 주신 약속과 격려의 메시지였다. 변화산 아래서 어떤 아버지가 자신의 귀신들린 아들이 치유될 수 있느냐고 물었을 때도 "할 수 있거든이 무슨 말이냐 믿는 자에게는 능히 하지 못할 일이 없느니라"고 하셨다. 뿐만 아니라 누가복음 15장에 나오는 '세 가지 잃은 것에 대한 비유'에서도 잃은 한 마리 양을 찾는 목자, 한 드라크마를 찾는 여인, 탕자를 영접하는 아버지의 이야기를 통해, 우리는 하나님의 모성적인 모습을 볼 수 있다. 베드로가 신앙고백을 했을 때도 "바요나 시몬아 네가 복이 있도다. 이를 네게 알게 한 이는 혈육이 아니요 하늘에 계신 내 아버지시니라"(마 16:17)고 격려하셨다. 예수님은 제자들을 파송하실 때, 둘씩 짝지어 보내시면서 팀을 이루어 동역하도록 격려하셨다.

"나를 믿는 자는 내가 하는 일을 그도 할 것이요 또한 그보다 큰일도 하리니"(요 14:12).

예수님은 제자들이 성장하여 하나님 나라를 확장시키는데 크게 쓰임 받기를 원하셨다. 그리고 승천하실 때 "내가 세상 끝날까지 너희와 항상 함께 있으리라"(마 28:20)는 약속의 말씀도 남기셨다.

남편이나 아내, 자녀들도 격려와 인정과 칭찬이 필요하다. 회사에서도 이제 최고 경영자(Chief Executive Officer)는 최고 격려자(Chief Encouragement Officer)여야 한다. 병원이나 직장에서 매달 혹은 정기적으로 우수 직원을 선발하여 포상하는 것도 격려의 일종이다. 창의적인 아이디어의 80%는 기분이 좋은 날 나온다는데, 칭찬이 바로 기분 좋게 하는 비결이다. 칭찬을 받아 긍정적인 마음이 들면 뇌에서 도파민이라는 호르몬이 분비되기 때문이다.

팔로워들에게는 적절한 보상과 격려가 필요하다. 그들을 격려하는 방법은 매우 다양한데, 가장 보편적으로 알려진 격려의 방법은 회식이다. 회식할 때에 결제카드만 주고 리더가 빠지면 더 좋다는 말도 있다. 물질적으로, 칭찬으로, 휴가로, 좋아하는 일을 하게 함으로, 승진으로, 자율권을 확대해 줌으로, 교육 기회를 부여함으로, 선물 등으로 격려할 수 있다. 타락하고 악한 세상은 험담하고 흠을 찾고 실수를 지적하고 실패를 조롱하며 사람을 낙담시키지만, 격려는 다른 사람을 탁월하게 고무시킨다. 다른 사람의 가능성과 장점을 보고 기뻐

한다. 용기를 낼 수 있도록 존중해 주고, 헌신하게 하고, 열정을 불러일으킨다. 격려는 하늘의 언어이다. 마크 트웨인은 "한 마디 격려는 우리를 한 달 동안 기쁘게 할 수 있다"고 했다. 격려의 핵심은 그 사람의 가치를 인정하는 것이다.

격려는 꼭 현재 보이는 장점 때문에 하는 것이 아니다. 오히려 그를 그런 종류의 칭찬을 받을 만한 사람으로 변화시키는 '능력'이 있다. 이것이 피그말리온 효과이다. 존 맥스웰은 「격려」에서 "사람들은 할 수 있다고 믿어 줄 때, 자신이 할 수 있는 것보다 훨씬 더 많이 발전한다"고 했다.

> "당신이 사람을 바라보는 방식이 곧 그 사람을 대하는 방식이다. 그리고 당신이 그 사람을 대하는 그대로 그 사람은 형성된다"(32쪽).

레지 잭슨은 "사람을 지금 보이는 대로 대하지 마라. 그를 향상시키지 못한다. 그러나 그가 꿈꾸는 것을 이미 이룬 사람처럼 대한다면 그는 그것을 성취한 사람이 될 것이다. 훌륭한 감독은 선수들을 본래 실력보다 더 훌륭하게 생각하는 기술이 있다. 훌륭한 감독은 선수가 자기 자신에 대해 좋은 평가를 하도록 만든다. 좋은 감독은 자신이 선수들을 믿는다는 사실을 알게 만들고 선수들이 더 많은 능력을 발휘할 수 있도록 만든다"고 했다. 격려는 당사자를 성장시키고 현재의 어려움을 극복할 수 있는 힘을 제공한다.

　나다나엘 호손이 있기까지는 아내의 격려가 있었다. 그는 문학적 재능이 있었지만 경제적으로 어려워 세관원으로 일을 하고 있었다. 그런데 어느 날 상사와의 불화가 누적되어 해고를 당하게 되었다. 이때 아내는 가장이 직장을 잃었으니 얼마나 황망하고 대책이 없었겠는가? 그런데 뜻밖에도 아내는 이런 말을 했다.

　"여보, 정말 잘 됐어요. 전 이제 당신이 글쓰기에만 몰두할 수 있게 되어 기쁘게 생각해요."

　알고 보니 그동안 부인은 빠듯한 살림 가운데 일정액을 저축하여 목돈을 갖고 있었던 것이다. 부인의 세심한 배려와 준비성에 감동 받은 호손은 열심히 작품 활동에 전념했고, 이렇게 하여 탄생한 작품이 「주홍 글자」이다. 19세기 미국 문학을 대표하는 위대한 작가 나다나엘 호손의 등장을 알리는 효시였다.

　나는 정기 건강검진 때에 위 내시경을 받은 적이 있다. 마취의 위험성 때문에 마취하지 않고 검사를 받기로 했다. 하지만 막상 시작되니 후회가 막급했다. 기구가 식도로 들어가 헤집고 다니니 견디기 힘들었다. 진땀을 빼고 있는데 간호사가 손을 살며시 붙잡아 주는 것이 아닌가! 보기에 안쓰러웠던 모양이다. 그런데 신기하게도 간호사가 손을 잡아 주니 참을 만했다. 옆에 있어 주고 지지해 주고 격려해 준다는 것이 사람에게 이렇게 힘을 주는 것이구나 하는 것을 깨닫게 되었다.

우리는 사도행전에서 격려의 사람을 발견할 수 있다. 바로 바나바이다. 그의 이름은 '격려의 아들'이라는 뜻이다. 안디옥교회에서의 바나바의 성품과 사역은 "바나바는 착한 사람이요 성령과 믿음이 충만한 사람이라"(행 11:24)는 말 속에 다 들어 있다. 명실공히 그는 격려하는 사람이었다. 바나바는 기독교계의 신앙의 거장인 바울을 격려하여 세웠다. 바울이 바울 된 요인 속에는 바나바의 격려 사역이 있었다. 바나바는 바울로 하여금 교회로 들어와 형제들과 교제할 수 있도록 다리 역할을 해 주었다. 뿐만 아니라 다소에 오랫동안 칩거하던 바울을 시리아 안디옥교회로 초빙하여 공동목회를 한 사람도 바나바였다. 바나바는 바울을 격려하여 기독교의 위대한 사역자가 되게 하였다. 후에는 실패했던 마가도 다시 격려하여 세워 주었다.

우리는 격려의 말을 많이 해야 한다. "고마워요" "사랑해요" "축복해요" "존경해요" "자랑스러워요" "잘하고 있어요" "잘할 거예요" "당신을 믿어요" "함께 할께요" "당신이 최고에요!" 이런 말 한마디가 힘을 주고 성장과 발전에 박차를 가하게 만들어 준다. 이런 말을 하는 당신이야말로 진정으로 에너자이저(energizer)이다.

격려와 칭찬은 사람에게만 통하는 것이 아니다. 심지어 물고기와 새들에게도 적용되다. 켄 블랜차드의 「칭찬은 고래도 춤추게 한다」를 보면 범고래 훈련을 시킬 때 사용하는 방법이 칭찬과 격려라고 한다. 범고래가 과업 수행을 잘했을 때, 호루라기를 불어 주거나 박수를 처주거나 생선을 주거나 사랑스러운 터치를 해 줌으로 고래를 격려한다는 것이다. 그 결과 멋진 범고래 쇼가 탄생하는 것이다. 조련사는 격려할 때에 잘한 것에 초점을 맞추고, 결과보다 과정을 칭찬하고, 재미있게 하도록 하고, 긍정적으로 반응하도록 한다고 한다. 싱가포르 주롱 새 공원에 가면 새들이 쇼를 벌이는 공연이 있다. 새들이 기묘한 묘기를 부리는 데, 이것도 다 칭찬과 격려와 보상의 방법으로 한다.

칭찬과 격려를 잘하기 위해서는 '고래 반응'을 잘해야 한다. 고래 반응이란, 잘한 일에 대해 칭찬하고 격려해 주는 것이다. 한국인은 칭찬을 자주해 주면 버릇이 나빠진다는 생각으로 칭찬에 인색하다. 혹은 잘한 것을 당연시하기 때문에 칭찬을 잘하지 않는다. 하지만 제대로 된 고래 반응은 상대방의 잘함을 유의했다가 칭찬해 준다.

켄 블렌차드에 의하면 고래 반응은 다음과 같다.
1) 즉각적으로 칭찬하라.
2) 잘한 것을 명확하게 말하라.
3) 긍정적인 감정을 공유하라.
4) 계속해서 잘하도록 격려하라.

고래 반응은 타인과 경쟁하기보다는 자기 자신과 경쟁하게 만든다. 한편 고래 반응과 반대가 되는 반응도 있다. '뒤통수치기 반응'이다. 평소 잘할 때는 무관심하고 당연시 하다가 잘못한 일이 있을 때 그것을 지목하고 화를 내는 반응이다. 이것은 사람을 끌어내리고 절망하게 만든다.

리더는 조직이 나아갈 방향을 보여 주고 이끌어 주는(leading) 사람이다. 또한 격려함으로 이끌어 주는 사람이다. 리더가 어떤 반응을 보이느냐에 따라 사기를 진작시켜 올라가게 할 수도 있고 떨어뜨릴 수 있다. 격려는 분명 조직과 분위기에 활력을 증진시켜 준다. 반면 비난, 무관심, 정죄, 희생양 찾기, 책임 전가는 하강시킨다. 격려는 듣는 사람으로 하여금 자기 자신을 넘어서게 하는 도약대이다.

PART 14
긍정의 리더십

긍정의 리더는 "NO"를 "YES"로 바꾼다

민수기 14:4-10 | ⁴이에 서로 말하되 우리가 한 지휘관을 세우고 애굽으로 돌아가자 하매 ⁵모세와 아론이 이스라엘 자손의 온 회중 앞에서 엎드린지라 ⁶그 땅을 정탐한 자 중 눈의 아들 여호수아와 여분네의 아들 갈렙이 자기들의 옷을 찢고 ⁷이스라엘 자손의 온 회중에게 말하여 이르되 우리가 두루 다니며 정탐한 땅은 심히 아름다운 땅이라 ⁸여호와께서 우리를 기뻐하시면 우리를 그 땅으로 인도하여 들이시고 그 땅을 우리에게 주시리라 이는 과연 젖과 꿀이 흐르는 땅이니라 ⁹다만 여호와를 거역하지 말라 또 그 땅 백성을 두려워하지 말라 그들은 우리의 먹이라 그들의 보호자는 그들에게서 떠났고 여호와는 우리와 함께 하시느니라 그들을 두려워하지 말라 하나 ¹⁰온 회중이 그들을 돌로 치려 하는데 그 때에 여호와의 영광이 회막에서 이스라엘 모든 자손에게 나타나시니라

하 나 님 의   리 더   세 우 기

다음을 읽고 성경 인물 중 누구를 묘사하는 것인지 맞추어 보라.

- 구약성경 39권 중 인명(人名)으로 표시된 책의 주인공이다.
- 노예로 태어났지만 한 민족의 지도자로 죽은 사람이다.
- 전혀 다른 세 개의 문화권을 경험한 사람이다.

답은 '여호수아'이다. 그는 이집트, 시내 광야, 가나안을 모두 경험한 사람이다. 위의 내용을 통해 짐작하겠지만 그는 고난을 아는, 역경지수(Adversity Quotient)가 대단히 높은 사람이었다. 여호수아는 많은 역경을 극복했기에 더 위대한 인물이 될 수 있었다. 그는 역경을 만났을 때, 도피자(quitter)나 안주자(camper)가 아닌 그것을 극복하여 승리하는 등반가(climber)가 되었다. 그는 신분이 노예에서 팔로워(follower)로, 그리고 팔로워에서 리더로 변화된 사람이다. 그의 리더십은 주변 인물들과 사뭇 달랐다. 모세와도 달랐다. 모세는 왕궁에서 자랐고, 광야에서 자유롭게 목자로 생활했다. 아론과도 달랐다. 아론은 웅변가요, 모세를 돕도록 하나님께 부름 받은 자였지만 백성들에게 휘둘린 사람이었다.

여호수아의 독특한 리더십은 그의 역경에 모세의 충실한 추종자로서 보낸 40년이 더해져 만들어진 것이다. 그는 모세를 극진히 모셨고 충성스러웠다. 성경은 모세를 '여호와의 종'이라고, 여호수아는 '모세의 종'이라고 묘사하고 있다(출 24:13, 33:11 ; 민 11:28 ; 수 1:1). 이와 같이 훌륭한 리더는 먼저 훌륭한 팔로워(follower)여야 한다. 하나님은 훌륭한 지도자를 키우실 때, 훌륭한 팔로워가 되도록 훈련시키신다.

사실 모세는 가까이에서 모시기 어려운 사람이었다. 그에게는 부지런함과 강력한 카리스마, 탁월한 지혜가 있었다. 반면 불같은 성질을 가진 사람이기도 했다. 여호수아는 그런 모세의 성공과 실패를 가장 가까운 자리에서 보았다. 모세의 인간적인 면모와 장단점을 모두 보았다. 모세는 백성들이 금송아지를 숭배하는 모습을 보고 하나님께서 친히 써 주신 십계명 두 돌판을 산 아래 던져 깨뜨렸고, 철부지 같은 백성들이 물을 요구하자 혈기를 부리며 지팡이로 반석을 내리쳤고, 구스 여인을 가까이 하기도 했다. 이런 모세를 여호수아는 한결같이 따랐다. 모세가 산 위에서 하나님과 대화하던 40일 동안, 그는 산 중턱에 머물렀고 회막에서 하는 일을 수종들었으며 심지어 모세가 비운 회막을 지키기도 했다.

아마도 여호수아는 모세를 따르며 가장 많이 성장한 제자였을 것이다. 그는 가장 가망 없는 사람에서 가장 위대한 지도자가 되었다. 그는 광야에서 40년을 지내는 동안, 애굽에서 함께 나온 모든 사람의 장례를 치러 주었다. 그 기간 동안 여호수아는 모세가 놓은 기초 위에 자신의 사역을 세워갔다. 하나님의 종은 왔다 갔다 하지만, 하나님은 다른 사람을 통해 그 일을 계속하신다. 그 다른 사람이 바로 40년 동안 연단받고 훈련받은 여호수아였다.

초기에 여호수아는 인격적으로나 신앙적으로 미숙한 모습을 보였다. 성경에 여호수아가 처음 등장하는 것은 민수기 11장 28절이다. 백성들이 고기가 먹고 싶다고 불평할 때, 하나님께서 모세를 도울 지도자 70명을 세우셨다. 이스라엘의 지도자가 될 70명을 뽑아 회막 앞으로 부르셨다. 그런데 기명된 자 중 엘닷과 메닷이 나오지 않고 진중에 있다가 영이 임하여 예언을 하기 시작했다는 보고가 접수되었다. 여호수아는 이 소식을 듣고 곧 모세에게 진언했다.

"모세를 섬기는 눈의 아들 여호수아가 말하여 이르되 내 주 모세여 그들을 말리소서"(민 11:28).

여호수아가 엘닷과 메닷을 제지하라고 했던 것은 모세의 권위를 지키기 위해서였다. 다른 사람도 영적 권위를 갖게 되면, 모세의 지도력이 약화될 것은 명약관화한 일이었기 때문이다. 하지만 모세는 여호수아를 꾸짖으며 모든 백성이 여호와의 영을 받고 선지자가 되는 것이 더 좋겠다고 말했다. 이런 여호수아가 모세 사후에 이스라엘의 위대한 지도자가 된 것이다. 그렇다면 무엇이 여호수아를 이렇게 훌륭하게 성장시켰겠는가? 그것은 여호수아의 긍정적인 마음의 태도였다.

정탐꾼들

여호수아의 긍정적인 마음의 태도는 가나안 정탐 때에 나타난다. 민수기 13장은 여호와 하나님의 명령에 따라 모세가 각 지파 중에서 지휘관들을 소환하는 장면에서부터 시작한다. 호세아는 에브라임 지파의 지휘관이었다(민 13:8). 이 호세아를 모세가 여호수아라는 새로운 이름으로 불렀다. '호세아'는 '구원'이라는 뜻이고, '여호수아'는 '여호와께서 구원하신다'는 의미이다. 구원의 주체는 바로 하나님 여호와라는 것을 드러내고자 하는 모세의 의도가 보인다. '구원은 여호와로부터 말미암는다'는 진리를 모세는 여호수아의 이름에 부여하고자 한 것이다.

이스라엘이 가나안의 접경 바란 광야 가데스 바네아에 도착한 것은 출애굽을 한 지 2년 2개월 20일째였다. 신명기에 따르면 정탐꾼을 보내자는 것은 백성들의 의견이었다(신 1:22-23). 정복하러 갈 땅을 먼저 정탐한다는 아이디어, 각 지파마다 대표자 한 사람을 뽑아 정탐꾼으로 보내자고 한 것은 제법 합리적인 제안이었다. 각계의 의견을 골고루 수렴한다는 장점이 있으니 말이다. 그러나 이것이 재앙의 전주곡이 될지는 아무도 몰랐다.

물론 모세는 정탐꾼을 보내면서 가나안 땅에 들어갈지의 여부를 결정하라고 하지 않았다. 가나안에 들어가는 것은 이미 하나님이 아브라함 때부터 약속하신 것이었다. 이것은 하나님의 권한이지 인간의 권한이 아니었다. 모세의 말에는 이런 전제가 이미 깔려 있었다.

"이스라엘 자손에게 주는 가나안 땅을 정탐하게 하되"(민 13:2).

하나님이 가나안 땅을 이스라엘에게 주신다는 것은 의심의 여지가 없었다. 다만 모세는 정탐꾼들에게 지형과 거주민을 살피고, 효과적인 전략을 수립하고자 보낸 것이었다. 그리하여 정탐꾼들은 40일 동안 가나안 땅 곳곳을 정탐했다.

정탐을 마치고 돌아온 정탐꾼들은 바란 광야 가데스에서 모세와 아론, 그리고 이스라엘 온 회중 앞에서 보고회를 가졌다. 우선 가나안 땅 자체에 대한 보고는 모두 긍정적이었다. 그 땅은 젖과 꿀이 흐르는 비옥한 땅이라고 이구동성으로 말했다. 말만이 아니라 그들은 포도, 석류, 무화과 같은 증거도 보여 주었다. 그런데 다만 거주민들은 강하고 성읍은 견고하며 아낙 자손들이 살고 있다고 말했다. 이것은 틀린 말도 거짓말도 아니었다. 정확한 사실이었다.

하지만 가나안을 정복하는 일에 대해서는 정탐꾼들의 의견이 엇갈렸다. 저들은 강하고 자신들은 메뚜기 새끼처럼 약하다는 부정적인 의견이 열 명, 하나님이 함께 하시니 저들은 우리의 밥이라고 주장하는 긍정적인 의견이 두 명이었다. 대개 다수의 사람들이 지지하는 쪽으로 대세가 기우는 것은 인지상정이다. 그때 백성들 가운데 부정적인 생각이 독버섯처럼 번지기 시작했고, 부정적인 생각이 사실 자체를 왜곡시키는 단계에까지 이르렀다. 젖과 꿀이 흐르는 땅이라고 칭찬하던 그들이 그 땅을 악평하여 "그 땅은 거민들을 삼키는 땅"이라고 했다(민 13:32). 이처럼 우리는 자신이 보고 싶은 것만 골라 보고 자신이 생각하는 것만 생각하는 경향이 많다.

그런데 모든 사람이 '아니오'라고 할 때에 '예'라고 말하는 사람이 나타났다. 긍정적인 보고를 한 최초의 사람은 갈렙이었다. 그때까지만 해도 여호수아는 주도적이지는 않았지만, 다수의 부정적인 의견에 동조하지 않고 갈렙의 긍정적인 보고에 힘을 실어 주었다.

"갈렙이 모세 앞에서 백성을 조용하게 하고 이르되 우리가 곧 올라가서 그 땅을 취하자 능히 이기리라"(민 13:30).

그러자 다른 정탐꾼들이 갈렙을 공박하고 꾸짖으면서 가나안에 있는 거인족의 모습과 메뚜기 같아 보이는 자신들의 초라한 모습을 강조하며 말하기 시작했다. 소위 '메뚜기 의식'이었다. 이리하여 백성들의 마음은 걷잡을 수 없이 좌절과 절망, 비통으로 빠져들게 되었다. 각 지파의 대표 정탐꾼들의 의견이 곧 확정적인 말이 되고 말았다.

"우리는 그곳에 들어갈 수 없다. 들어가려다가 패전할 수밖에 없다. 이제 우리는 끝이다!"

아이젠하워 장군은 "낙관론과 비관론은 전염되며 아래에서 위로보다 위에서 아래로 더 빨리 퍼진다"라고 했다. 그래서 지도자의 말한 마디가 중요하다. 지도자는 언어 사용에 주의하여 그의 공동체 안에 부정의 바이러스를 막고 긍정의 바이러스를 퍼뜨리는 데 주안점을 두어야 한다.

원망은 신성 모독

백성들은 정탐꾼들의 말을 듣고 소리 높여 울며 밤새 통곡했다(민 14:1). 심지어 모세와 하나님을 원망했고, 모세와 아론을 반역하고 죽이려 했다.

> "우리가 애굽 땅에서 죽었거나 이 광야에서 죽었으면 좋았을 것을 어찌하여 여호와가 우리를 그 땅으로 인도하여 칼에 쓰러지게 하려 하는가 우리 처자가 사로잡히리니 애굽으로 돌아가는 것이 낫지 아니하랴"(민 14:2-3).

모세와 아론을 원망했을 뿐 아니라 하나님까지도 악신으로 만들었다. 이렇듯 좌절과 절망은 인간의 이성을 마비시키고 터무니없는 망발을 일삼게 한다. 백성들은 가나안 땅에 들어갈 수 없다고 단정하며 월권을 하고 있었다. 불행을 예상하면서 후회하고 원망하며 과거로 회귀하려고 했다. 반역을 일으키려고 했다.

만물에는 양과 음이 모두 들어 있다는 것을 알아야 하다. 밝은 면이 있으면 어두운 면도 있고, 어두운 면이 있으면 밝은 면도 있다는 것을 말이다. 어떻게 모든 것이 다 좋을 수 있겠는가? 모든 일에는 긍정적인 요소와 부정적인 요소가 있기 마련이다. 가나안 땅이 비옥하고 과실이 풍성하다는 것은 긍정적인 사실이었다. 하나님께 감사하며 기뻐해야 할 사항이었다. 그런데 이미 그 땅에 강한 백성들이 살고 있다는 것은 부정적인 사실이었다. 가나안 땅이 풍요로운 땅이기에 어쩔 수 없는 현상이었다. 빛이 강할수록 어둠도 강한 법이다. 그러나 이런 어려운 점은 하나님을 의지하고 도전해야 할 사항일 뿐이다. 어느 하나만 취할 수는 없는 것이다.

우리는 긍정을 하되 무조건적인 긍정보다는 '현실적인 긍정'을 해야 한다. 그러기 위해서는 사실을 보는 기준이 필요한데 그 기준을 여호수아와 갈렙이 제시했다. 그들이 제시한 오직 하나의 조건은 "하나님이 우리를 기뻐하시면"(민 14:8)이었다.

"강대한 족속들이 살고 있어서 정복이 어려운 것은 사실이지만, 하나님께서 우리를 기뻐하시면 우리는 능히 그들을 이기고 정복할 수 있습니다!"

현실적 긍정에서 중요한 요인은 환경도, 적군도 아니다. 오직 하나님만이 중요한 변수가 되신다. 하나님의 뜻이 어디 있느냐에 달려 있다. 하나님의 뜻, 하나님의 약속이 중요하다. 바울은 이렇게 말했다.

"내게 능력 주시는 자 안에서 내가 모든 것을 할 수 있느니라"(빌 4:13).

하나님 안에 있으면 우리는 모든 것을 할 수 있다. 그것은 상대방이 약하고 우리가 강해서 하는 것이 아니다. 하나님 안에 있으면, 하나님이 원하시고 하나님이 기뻐하시면 다 된다. 사실은 하나님이 함께 하시는 곳이 젖과 꿀이 흐르는 땅이다.

긍정적인 태도도 중요하지만 더 중요한 것은 하나님의 뜻이다. 내 뜻대로 긍정하는 것이 되어서는 안 된다. 어느 기업의 사장이 살이 너무 쪄서 좋아하는 케이크 전문점을 가지 않기로 결심했다. 그러던 어느 날 그곳 앞을 운전하며 지나가는데 진열대 중앙에 있는 케이크 하나가 아주 먹음직스럽게 보였다. 그래서 그는 이렇게 기도했다.

"하나님의 뜻이거든 저곳 앞에 제 차를 세울 수 있는 자리를 주십시오."

그러나 주차 공간은 없었다. 그래서 그는 여덟 바퀴를 돌아 마침내 차를 세울 자리를 찾아냈다. 그는 "주님, 고맙습니다" 하고 케이크를 사서 마음껏 먹었다. 긍정은 긍정이지만 하나님의 뜻이 없는 행위였다. 긍정적인 태도에는 주님의 뜻이 이루어지게 해야 한다. 긍정의 리더십은 바로 하나님 중심의 리더십이다. 모든 일의 중심은 하나님의 뜻이다. 여호수아와 갈렙은 계속해서 이렇게 말했다.

"그들은 우리의 먹이라."

"하나님을 거역하지 말라."

"그들의 보호자는 그들을 떠났고 하나님이 우리와 함께 계신다."

그들은 백성들에게 사람을 두려워하지 말고, 하나님을 두려워하라고 말했다. 그러면 하나님께서 이기게 하실 것이라고 말했다. 사람을 두려워하면 올무에 쉽게 걸린다. 불신의 사람은 '우리'가 주어이지만, 믿음의 사람은 '하나님'이 주어이다. 믿음의 사람이 갖는 강한 확신과 용기의 근저에는 하나님의 말씀, 하나님의 약속, 하나님의 함께 하심이 있다. 다수의 정탐꾼들과 백성들은 거인과 자신들을 비교했지만, 여호수아와 갈렙은 거인과 하나님을 비교했다. 거인을 보았지만 동시에 자신들과 함께 하시는 하나님을 본 것이다.

당신은 삼무아, 사밧, 이갈, 발디, 갓디엘, 갓디, 암미엘, 스둘, 나비, 그우엘이라는 이름을 아는가? 그들도 갈렙, 여호수아와 정탐하러 갔던 이스라엘 각 지파의 지휘관이었다(민 13:4-15). 그러나 그들은 잊혀졌고 우리는 오직 여호수아와 갈렙만을 기억하고 있다. 이들은 이름만이 아니라 운명도 갈리었다. 무엇이 그들을 갈라놓았는가? 바로 하나님에 대한 긍정적인 태도의 여부였다. 그런 점에서 여호수아와 갈렙은 그들과 달랐다.

"그나스 사람 여분네의 아들 갈렙과 눈의 아들 여호수아는 여호와를 온전히 따랐느니라"(민 32:12).

긍정적인 생각은 올바른 자아상에서 비롯된다. 올바른 자아상은 하나님이 우리를 보시는 대로 우리를 보는 것이다. 당신은 하나님이 당신을 어떻게 보시는지 아는가? 하나님은 당신을 자녀로, 영적인 거인으로 보신다. 우리가 우리 스스로를 귀히 여기고 하나님의 자녀답게 생각하고 행동하기를 원하신다. 이것이 하나님의 안목이다. 요약하자면 우리에게는 하나님 자녀의 자아상, 영적 거인의 자아상, 긍정적인 자아상이 있어야 한다. 이런 긍정적인 자아상을 갖는 사람은 임재 의식, 약속에 대한 믿음, 소속감, 자부심, 자신감, 사명감, 진취성, 도전성, 미래 지향성, 창조적 소수성을 갖게 된다.

반면 부정적인 자아상은 메뚜기 의식으로 명명될 수 있을 것이다. 이런 사람들은 노예근성, 열등의식, 피해의식, 비교의식, 자기 연민, 무력감, 겁쟁이, 책임회피, 두려움, 핑계, 불평, 불만, 원망, 비방을 갖고 있다. 그러고 보니 열 명의 정탐꾼과 백성들은 애굽에서부터 광야까지 오면서 변화된 것이 없었다. 하지만 여호수아와 갈렙 두 사람은 애굽에서 나와 광야를 지나며 변화되었다.

진정 중요한 것은 하나님이 허락하신 환경에 대한 우리의 반응이다. 우리의 반응은 우리의 자아상에 영향을 받는다. 우리는 우리의 앞길을 막는 것이 다름 아닌 나 자신일 수도 있다는 것을 광야 백성을 통해 배워야 한다. 부정적인 자아상은 자기 스스로 문젯거리를 만들어 내는 요인이 된다. 자신의 말, 자신의 생각, 자신의 행동이 자신이 갈 길에 걸림돌이 된다면 정말 큰 문제가 아니겠는가. 긍정적인 자아상이 절실히 요구되는 시대이다.

하나님의 건져내심

여호수아와 갈렙의 말은 진리의 말씀이었다. 그들의 말을 듣고 순종하면 생명을 얻을 수 있는 생명의 말씀이었다. 하지만 백성들은 듣지 않았다. 좌절한 그들에게는 격려하는 말도 욕으로 들렸던 것일까?

> "거룩한 것을 개에게 주지 말며 너희 진주를 돼지 앞에 던지지 말라 그들이 그것을 발로 밟고 돌이켜 너희를 찢어 상하게 할까 염려하라"(마 7:6).

그래서 교훈도 지혜 있는 사람이나 의인들에게 주라고 한 것인지 모른다.

"지혜 있는 자에게 교훈을 더하라 그가 더욱 지혜로워질 것이요 의로운 사람을 가르치라 그의 학식이 더하리라"(잠 9:9).

백성들은 여호수아와 갈렙을 돌로 치려고 했다(민 14:10). 그만큼 두 사람은 돌 맞을 이야기를 용기 있게 한 것이다. 여호수아와 갈렙은 절망을 거부했다. 그들에게는 절대 긍정이 있었다.

"우리는 할 수 있다!"

그래서 그들의 언어는 믿음의 언어, 감사의 언어, 확신의 언어였던 것이다.

하나님은 그분을 온전히 의지하는 사람을 위기에서 건져 주신다. 만약 하나님이 개입하지 않으셨다면, 여호수아와 갈렙은 폭도가 된 백성들에게서 살아남지 못했을 것이다. 하나님의 영광의 광채가 나타나자, 백성들이 제정신을 차리게 되었다. 하지만 이미 하나님을 향해 신성모독하는 발언을 쏟아 낸 상황이었다. 백성들은 하나님의 이름을 더럽혔다.

"이 백성이 어느 때까지 나를 멸시하겠느냐 … 어느 때까지 나를 믿지 않겠느냐"(민 14:11).

이것은 믿음의 문제였다. 그동안 이스라엘 백성들은 얼마나 많은 기적을 보아왔는가? 하지만 믿음 없는 그들에게 기적은 결코 유익하지 못했다. 우리에게는 절대 믿음이 필요하다.

"이는 우리가 믿음으로 행하고 보는 것으로 행하지 아니함이로라"
(고후 5:7).

자충족적 예언(self-sufficient prophecy)

우리는 죄에 대해 경각심을 가져야 한다. 죄를 작은 일로 치부해서는 안 된다. 히브리서 기자는 "너희가 죄와 싸우되 피 흘리기까지 싸우지 아니한다"라고 책망했다. 광야에서 백성은 하나님께 범죄했고, 이로 인해 전염병으로 몰살당할 위기에 빠지게 되었다. 하나님은 모세의 중재로 인해 마음을 돌이키셨고, 그 후손들에게는 은혜를 베풀기로 하셨다. 다만 범죄한 세대는 가나안에 들어가지 못하고 광야에서 죽게 되리라고 말씀하셨다. 범죄한 세대는 정탐기간 40일에서 1일을 1년으로 환산하여, 40년 동안 광야를 유리하면서 그 시신을 광야에 묻어야 했다. 광야가 범죄한 세대의 시신을 다 받기 전에는 그 후손들이 젖과 꿀이 흐르는 가나안에 들어갈 수 없었다. 한 세대의 범죄가 다음 세대에게 짐이 된 것이다. 그렇게 된 이유는 그들이 하나님께 한 말들 때문이었다.

"여호와의 말씀에 내 삶을 두고 맹세하노라 너희 말이 내 귀에 들린 대로 내가 너희에게 행하리니"(민 14:28).

감정이 격해져서 그랬든 온전한 정신으로 그랬든 우리의 말은 곧 기도가 된다. 하나님은 우리 입으로 내뱉는 말을 듣고 계시다가 '그대로' 행하신다. 우리가 입에 재갈을 물리고 선하고 좋은 말을 해야 할 필요가 여기에 있다. 무슨 말을 하든지 입으로 한 말은 심판 날에 심판을 받게 될 것이다. 물론 선하고 좋은 말에 대해서는 하나님께서 선하게 응답하실 것이다. 그래서 우리의 모든 말은 자충족적 예언(self-sufficient prophecy)이 된다. 자기 자신이 말한 대로 된다. 우리는 핑계, 불평, 불만, 원망, 비방 같은 하나님이 싫어하시는 말을 삼가야 하다.

"그들 가운데 어떤 사람들이 원망하다가 멸망시키는 자에게 멸망하였나니 너희는 그들과 같이 원망하지 말라"(고전 10:10).

미리암과 아론은 모세를 비방하다 미리암이 한센병에 걸렸고, 열 명의 정탐꾼은 가나안 땅을 악평하다가 죽었으며, 백성들은 하나님을 원망하다가 죽었다. 이처럼 우리는 우리 입술의 열매를 먹고 사는 것이다.

여호수아는 긍정의 리더였다. 한 민족을 이끌고 광야를 통과하여

적들이 차지한 땅을 가서 차지한다는 것은 인류 역사상 불가능한 일이었다. 하지만 여호수아는 그 일을 완수했다. 모세가 하지 못한 일을 그가 완성한 것이다. 문벌도 출신도 성품도 별 볼일 없던 여호수아가 위대한 일을 하게 된 것은, 하나님을 향한 전폭적인 믿음으로 얻은 그의 긍정의 리더십 덕분이었다.

*참고도서

「엄마형 리더십」, 우경진, 서울: 명진출판사, 2004

「끌리는 사람은 1%가 다르다」, 이민규, 서울: 더난출판사, 2005

「배려」, 한상복, 서울: 위즈덤하우스, 2006

「왜 사무엘인가?」, 헨리 블랙커비, 서울: 요단출판사, 2005

「사무엘서 강해」, 유진 피터슨, 서울: 아바서원, 2013

「세 왕 이야기」, 진 에드워드, 서울: 예수전도단, 2002

「변명하지 않는 그리스도인」, 헨리 클라우드 · 존 타운센드, 서울: 토기장이, 2013

「No!라고 말할 줄 아는 그리스도인」, 헨리 클라우드 · 존 타운센드, 서울: 좋은씨앗, 2000

「격려」, 존 맥스웰, 서울: 넥서스, 2008

「리스펙트」, 데보라 노빌, 서울: 위즈덤하우스, 2010

「감성의 리더십」, 다니엘 골만 · 리처드 보이애치스 · 애니 맥키, 서울: 청림출판, 2003

「칭찬은 고래도 춤추게 한다」, 켄 블랜차드 · 짐 발라드 · 타드 라시나크 · 처크 톰킨스, 서울: 21세기북스, 2003

「성공하는 사람들의 7가지 습관」, 스티븐 코비, 서울: 김영사, 1994

「광야를 지나는 법」, 도날드 맥컬로우, 서울: 도마의길, 2008

「영적 거장의 리더십」, 강준민, 서울: 두란노, 2004

「종의 마음」, 데이빗 케이프 · 토미 테니, 서울: 토기장이, 2008

하나님의 리더 세우기
ⓒ 한기채, 2016

1판 1쇄	2016년 3월 25일
1판 4쇄	2025년 4월 10일

지은이	한기채
발행인	조애신
편집	이소연
디자인	임은미
마케팅	전필영
경영지원	전두표

발행처	도서출판 토기장이
주소	서울시 마포구 동교로 71-1 2F
출판등록	1998년 5월 29일 제1998-000070호
전화	02-3143-0400
팩스	0505-300-0646
이메일	tletter77@naver.com
인스타그램	togijangi_books_

ISBN	978-89-7782-350-1

- 이 책은 저작권 법에 따라 보호를 받는 저작물이므로 무단 전재와 무단 복제를 금합니다.
- 이 책의 전부 또는 일부를 이용하려면 반드시 저자와 도서출판 토기장이의 동의를 받아야 합니다.

도서출판 토기장이는 생명 있는 책만 만듭니다.
"우리는 진흙이요 주는 토기장이시니 우리는 다 주의 손으로 지으신 것이니이다" (이사야 64:8)